JN166858

時間をあらわす「基礎日本語辞典」

森田良行

角川文庫
20814

目次

まえがきにかえて
――「使えない場合」「言えない場合」が示されている辞典

サンキュータツオ

日本人でもうまく説明できない、あまりにも日常的で身近すぎる「基礎日本語」たちの微妙なニュアンスのちがい。それを一冊の辞典にした『基礎日本語辞典』を、テーマごとに文庫化するシリーズの第3弾、『時間をあらわす「基礎日本語辞典」』がついに登場です。

この文庫のなにが貴重かって、テーマ別になっているということです。これは原本になっている『基礎日本語辞典』にもない概念で、今回の文庫化にあたって、森田先生自らが選んだ言葉たちが収録されています。目次だけでも読んで考えてみてください。あなたはこれらの言葉をどう説明しますか？

この辞典の素晴らしさを知っていただくには、ほかの辞典と比較して、相対化してみるといいかもしれません。

例をとって説明しましょう。「去年の八月ごろはこんなに太っていなかったと思う」という文の「ごろ」、つまり「〇〇頃」と表現される「ごろ」です。

まず、「ごろ」と「ころ」がどういうときに「ごろ」で、どういうときに「ころ」なのか、説明できますでしょうか。「若い頃」は「ころ」だけど、「去年のいま頃」は「ごろ」と読みますよね。なんでかわかりますか？

また、「昼ごろ」は言えるけど「朝ごろ」とは言わないのはなぜかわかりますか。

さらに、似た意味の言葉「ぐらい」は、「昼ぐらいに」「昼ごろに」とは言い換え可能だけれど、「二十歳ぐらい」とは言えて、「二十歳ごろ」と言えないのはなぜでしょうか。

『三省堂国語辞典　第七版』では「頃」という項目の㈡の意味で、

㈡（造語）「-頃（ゴロ）」

①だいたいその時分。…ころ。「六時-・五月-・春-」

②ちょうどよい〈時期／状態〉。「食べ-・見-」

としています。小型の国語辞典ではがんばっているほうです。というのは用例で使える場合を例示しているからです。限られたスペースのなかに、「六時頃」という使い方をする、という情報を盛り込んでいます。時間、時期、季節、三種類も例を挙げていますよね。しかし、三省堂国語辞典に限ったわけではなく、「この場合は使えない」という情報は載っていません。辞典が好きな人は、「六時頃」は使えても、「六時十三分頃」は不自然なのかもと読み取るわけですが、普通の人はそこまで読み取れないですし、「食べどき」や「見どき」と、「食べごろ」や「見ごろ」でどれほどニュアンスが変わるのか、書かれていません。

『新明解国語辞典 第七版』では「ごろ」という項目を別に立てて説明しています。

ごろ【頃】
㈠それをするのにちょうどふさわしい状態であることを表す。「見－・食べ－」
㈡その点についてちょうどいい程度であることを表す。「年－・値－・手－」

丁寧に説明されていますし、「ころ（頃）」の項目では「話題として取り上げたある時を、その前後も含めて幅広く指す語。」と説明されているのですが、「前後」がどれほどの範囲なのかや、六時頃と言えて六時十三分頃と言えない理由については、やはりわかりません。

『岩波国語辞典 第七版新版』は「ころ」の項目でこう説明しています。

①ある事の起こった時などを、その前後を含めて漠然と指す語。「去年の春の－」「－は元禄十五年」「六時－ごろ」
▽「この頃」は「このころ」と読めば話題の時期を言い、「このごろ」と読めば近ごろの意。

わかりやすい補足説明（▽以降）が入っていますが、「ころ」の項目でサラッと「ごろ」を使っているあたりは、「ごろ」の特異性については触れていませんね。

もっとも文法的に細かい説明をしているのは『明鏡国語辞典 第二版』です。

ころ（頃）の〔3〕の意味で「ごろ」を扱っています。

〔3〕《他の語に付いて「ごろ」の形で》

〔ア〕《時を表す語に付いて》だいたいの時間を表す。

「昭和六〇年ー・真夜中ー」

〔イ〕《動詞の連用形に付いて》それが行われる（のにふさわしい）時期の意を表す。

「桜は今日が見ーだ」

「食べーのメロン」

〔ウ〕《名詞に付いて》その条件にちょうど合う意を表す。

「値ーの品」「手ー」

どういう語に付くのかという情報を盛り込んでいるのはこの辞典のすごいところです。

しかし、冒頭に述べたような疑問に応えられるでしょうか。

『基礎日本語辞典』は、ほかの国語辞典とはちがって「基礎日本語」に掲載語を絞っている分、非常に細かく教えてくれます。もともとどういう意味から広がっていったのか、「ころ」はどういう時に使えて「ごろ」はどういう時に使えるのか。ぜひ本文で答え合わせをしてもらいたいのですが、特に「分析2」は感動的です。

分析2「ごろ」の付く語には制限がある。

(1)近い過去を表す語「きのう、昨日、ゆうべ、昨夜、昨晩、今朝……」などには付かない。「ごろ」はおよその時を推定的に述べることばであるから、あまりにも近い過去は不確かな「ごろ」では矛盾する。指定される「時」の前後を含めて「ごろ」で表されるのであるから、「きのうごろ」では、〝たぶんきのう、あるいは、その前後のおとといか今日も含めて〟で、表現している当日まで推定の範囲に入ってしまうのである。「おとといごろ日本に着いたんじゃないかな」「たぶん一昨日ごろ来日されたのではないかと存じます」と、「おととい」以前には用いられる。遠い過去は、不確かな事柄なら使える。(中略)

「先月ごろから急に野菜の値段が上がりだした」は言えても、「彼が渡欧したのは先月ごろだ」は不自然。渡欧といった、はっきりした事実は「先月」では(月単位の場合は)まだ記憶に新しすぎるからである。……

といった具合です。「付かない」場合、「言えない」場合をあげて、用例豊富にこの場合は言えてこの場合は不自然、と示してくれています。こういう辞典はほかにありません。

時間の感覚は、一見正確で客観的に思えますが、メールやLINEで「すぐ行く」と言われた場合の「すぐ」が、五分なのか一時間なのか、わかりませんよね。「すぐっていつ!?」と再確認しなければなりません。二度手間ですね。時間の感覚は実は非常に主観的なのです。そこに、表現をする人の物のとらえ方や、心のありよう、ニュアンスが出てきます。しかも日常的に使う語だからこそ大事です。

留学生に日本語を教えていても、国によって時間の感覚が違うのか、多くの人がつまづく概念でもあります。だから、この辞典が唯一無二で、貴重なのです。この辞典がなかったら、だれがまとめてくれていたんだと怖くなるほどです。それほどに現場の日本語教師たちはいまもこの本に助けられています。

この本は、「あなたならどう説明する?」というクイズ本としても読んでほしいです。森田先生がひとりで出した回答にみなさんはたどり着けますでしょうか。「はたしてそうか」と疑問を感じた人は、研究者になる素質があるかも! ぜひ論文にして発表し、この辞典の記述を変えてほしいですね。

ちなみに私はどの項目も、まだ森田先生を超えられません。

(漫才師・日本語学者)

とき〔時〕名詞

「時は金なり」のような〝時間〟を表す実質名詞の用法は、三次元世界の〝空間〟に対する四次元世界の〝時間〟を指すが、「若いときは疲れを知らない」「外国へ行くときはパスポートが必要だ」「ご用のときはこのベルを押してください」のような被修飾語となる例では、単にその状態や行動・現象などの成立する（もしくは成立している）限られた時点を指す。形式名詞としての用法である。

分析1　実質名詞の用法の場合は、「時のたつのも忘れて読みふける」のような時間の流れを表す例と、「時を告げる鐘の音」のような一定の時刻を表す例とが見られる。時間は過去から現在・未来へと線条的に流動展開していくものだが、それを流れの幅としてとらえるか、一時点として区切るかは、文脈によって決まる。「時を告げる」は〝ある時刻を告げる〟ことであり、それは結局〝時の経過を告げる〟ことなのである。時間・期間も「時」であり、時刻・刻限も「時」なのである。

被修飾語となる例でも、状況は全く同じで、「若いときに大いに苦労しておくべきだ」となると、かなりの年月の幅を持つ時間帯を指すが、「暑いときは窓をあけろ」となると、その幅はかなり狭められ、「ドアをあけるときはノックしなさい」では、ほとんど瞬間に近い一時点を指すと考えてよい。(1)名詞、形容詞に付いた「子供のとき」「若いとき」のような継続状態を表す「とき」はふつう時間帯となり、⑵「門を出るとき」「爆発するとき」のような瞬間動作動詞に付いて、動作や現象の成立を表す「とき」は特定の時点を指す。⑶「学校にいるとき」「学校にいたとき」「電話を掛けているとき」のような、状態を表す動詞や「ている」の継続動作を表す例では〝その期間内〟という多少の幅を持つ。これが「うちへ帰るとき」では、「うちへ帰るとき課長にあいさつをして部屋を出た」と、⑵の瞬間動作とも、あるいは「うちへ帰るとき大きな荷物を二つ抱えて行った」と⑶継続動作ともなる。「帰る」は〝帰途につく〟という瞬間動作とも、〝帰路のみちすがら〟という継続動作ともなるため後件に来る事柄の内容次第で、⑵⑶どちらにでもなるのである。

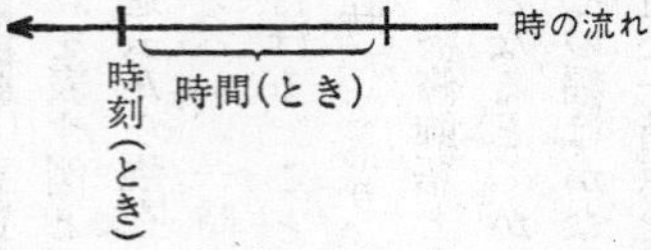

分析2 「とき」が動詞を受けて「……するとき……する」と二つの行為や作用を並行共起させる言い方をした場合、それぞれの行為・作用を現在未来形「……する」で表すか、過去完了形「……した」で表すかによって、次の四通りの言い方ができる。

1……スルトキ……スル。

2……スルトキ……シタ。

3……シタトキ……シタ。

4……シタトキ……スル。

「トキ」の前の叙述を前件、後の叙述を後件とする。1 4は後件が「……スル」と現在未来形をとっているため、全体として未来の予定・予想、ないしは一般的事実や習慣などを述べる文となり、2 3は後件が「……シタ」と過去完了形をとっているため、全体として過去・回想の文となる。前件「……スルトキ」「……シタトキ」は、叙述のテンスとは関係がない。

「新聞はあした会社へ行くとき買う」「東京へ出て来るときは前もって知らせてください」「写真は京都へ行ったとき撮って来ようと思う」「僕が大学へ入ったときに買ってくれるにちがいない」（以上、未来の予定・予想）、「えくぼは笑うときにできる」「歯はいつも夜寝るときに磨いています」「衝撃波はジェット機が通り過ぎたときに起こるものだ」「父の帰りが遅いときには、母は機嫌が悪い」（以上、一般的事実・習慣）

これが「新聞は会社へ行くとき買った」「父の帰りが遅いときには母は機嫌が悪かった」となると、過去の事実ないしは回想となってしまう。

ところで、動作動詞の場合、事態の成立には、成立に先立つ前段階（直前）と、成立時と、終了するまでの過程とが内在する。瞬間動作動詞はふつう〝直前〟または成立の〝同時性〟を表す。「食事をするとき手を洗った」「父が出掛けるとき母は必ず見送ります」「朝起きるとき体操をする」「雷が鳴るときピカッと光った」

継続動作動詞は〝最中〟〝途中〟〝状態〟などを表す。「先生と話すときは丁寧な言葉を遣います」「車中でラジオを聞くときはイヤホーンを使いなさい」となれば瞬間性のものとして同じ「死ぬ」でも「芭蕉《ばしょう》は死ぬとき辞世の句を詠んだ」となれば継続性のものとして〝直前〟を表し、「清盛《きよもり》は死ぬときさんざん苦しがって死んだ」となれば継続性のものとして〝最中／状態〟を表すわけである。「行く、来る、帰る」などの移動動詞は、「私は山へ行くとき食糧を準備した」（直前）、「その昔、神父ヨゼフ・ロゲンドルフが日本に来るとき、初めて日本字の野立て広告を見て、さっそく字引を引いた」（途中）、「彼はうちへ来るとき車に乗って来た」（状態）と三様の場合が成り立つ。「いる、できる、〜ている」等の状態動詞や「若いとき／元気なとき」のような形容詞・形容動詞が立つ場合は、その状態の存続している〝期間中〟を表す。

分析3 「いなかへ帰ったとき旧友に会った」

「いなかへ帰った」は「とき」の属性として状態化されている。〝その「とき」は、どんなときか？ いなかへ帰ったときだ〟。つまり、事態の成立を「出発↓途中↓到着↓滞在」と動作過程として分析せず、全行程を帰省という全一的な事実としてとらえている。だから、場面は途中のことか目的地か判然としない。「アメリカへ行ったとき撮った写真です」は、日本でとも、機内でとも、アメリカでとも、いかようにも解釈できるのである。

①②「……スルトキ」、③④「……シタトキ」はしばしば用法が重なる。前件・後件の

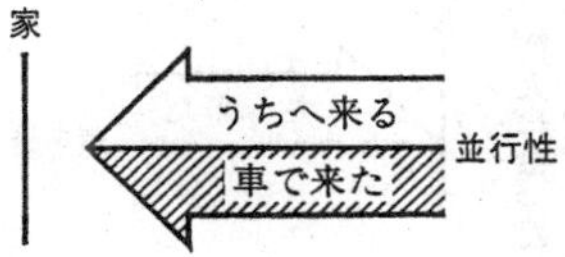

時間関係は文末動詞の性質によって決まってくる。まず、動作性動詞の場合、

「彼はうちへ来る（／来た）とき、花を持って来た」

「彼はうちへ来る（／来た）とき、車で来た」

「持って来る」「車で来る」のように「うちへ来る」行為と並行してなされる行為や状態は、〝その行為の際に〟〝その行為とともに〟〝その行為実現のために〟という〝行為の並行性〟を表し、「……スルトキ／……シタトキ」両形式に差は生じない。④「うちへ来たとき車で来る」は成り立たない）一方、

「彼はうちへ来る（／来た）とき恋人に会った」

「会う」のような瞬間動作動詞は「うちへ来る」という行為とは並行しないから、両形式で差が生じ、「……来るとき」は〝途中〟で、「……来たとき」は〝その行為の成立中において〟、つまり〝うちで〟恋人に会ったのである。

「風呂へ入る（／入った）とき、足を洗った」

　これも順序性の行為で、並行性ではないから、行為に時間的前後関係が生まれる。「入るとき」は〝直前〟に、「入ったとき」は〝行為の成立

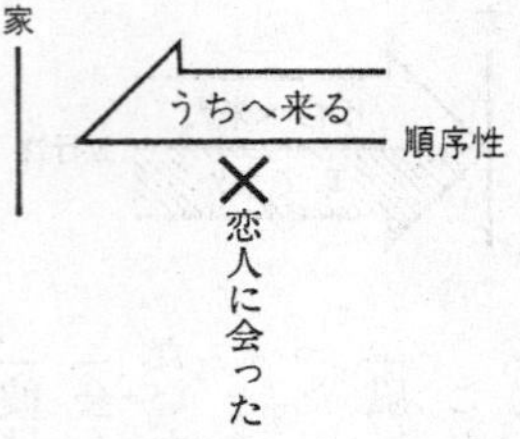

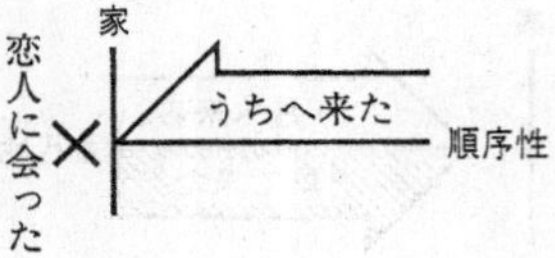

中〟、つまり〝入浴という行為中において〟である。

並行性の例「香港へ行くとき船で行った」「料理を食べるときフォークを使った」「先生と話すときは敬語を使います」「買い物に行ったときは雨が降っていた」

順序性の例「電車に乗るとき新聞を買おう」「朝起きたとき体操をする」「陛下に会うときはちょっと緊張します」「汽車が通るときは踏切がしまる」「立ち上がったときめまいがした」「墜落したとき火柱が立ち昇った」

分析4 「……スルトキ」の前件が名詞＋断定、形容詞、形容動詞、状態動詞、動詞のテイル形などのときは状態性が強まる。この場合は、ふつう1～4いずれも成立し、特に意味に差を生じない。

「お金がないときはどうしますか」「鍵《かぎ》が掛かっているときは裏口に回ります」「腹が痛いときはこの薬を飲みなさい」「表が静かなときはいつも窓をあけている」「体の調子がよいとき仕事を片付けた」「雨が降らないときは火事が多かった」「私が寝ていたときにかぎって客が来る」「留守にしていたとき泥棒が

前件	後件	動作性 並行（共起）	動作性 順序（継起）	状態性 1.2.3人称主体	状態性 共に1人称主体	表現内容
…スルトキ	① …スル	その行為の際に その行為とともに その行為実現のために	直前 途中 同時	その状態の際に	その状態が生じた時間内に	…トキ　…スル 未来の予定・予想。一般的事実。習慣。
	② …シタ					…トキ　…シタ 過去・回想
…シタトキ	③ …シタ		その行為の成立中において			
	④ …スル	（不成立）			（不成立）	

入った」「油断をしているときにかぎり事故が起こる」「山がよく見えたとき写真を撮りました」「先生がいらっしゃるときに相談しよう」

ただし、前件・後件とも同じ一人称主体である場合には、④「……シタトキ……スル」は原則として成り立たない。①「私はアメリカにいるときに（私は）先生に会うつもりだ」、②「アメリカにいるときに先生に会った」、③「アメリカにいたときに先生に会った」は成り立っても、④「私はアメリカにいたときに先生に会う」とは言えないのである。

関連語　**ばあい**

「場合」は、ある事柄が生ずるに当た

っての状況や事情を言う。「いくら良いといっても、時と場合によりけりだ」「場合が場合だけに、安閑としてはいられない」「いついかなる場合にも油断は禁物だ」「日本の場合は、諸外国とはちょっと事情が違うから、一概に比較はできない」

〝時〟の観念は必要条件ではないが、事柄の生起には時間観念が伴うので、「とき」と入れ替えのきく例が生ずる。動詞句や形容詞句が修飾語として係っている例は、だいたい「とき」との入れ替えが可能である。

「字が読めない場合は辞書で調べなさい」「道路を横断中に信号が赤になった場合、どうしたらいいでしょう」「急に病気になるような場合も考えて、薬を用意しておくことが必要だ」「お金を入れても切符が出ない場合は、下のボタンを押してください」「旅行するときには、天気の悪い場合もありますから、あまり早くから切符を買っておかないほうがいいと思います」「いざという場合の用意はできている」「あんまり高い場合は、値切ってみるのも一法だ」「たとえ殺されそうな場合が起こっても、私は絶対に白状はしませんよ」

これらの例はいずれもある状況に出あった場合の設定で、〝時〟の観念が伴っている。〝仮定的な場合〟であるが、このほかに、〝一般的な場合〟として提示する例も見られる。「外国へ行く場合には、どんな注意が必要ですか」「女性と一緒の場合にはレディーファーストでいくのが欧米の習慣だ」「相手が目上の場合には、日本では敬語を使う」

たとえ「とき」と入れ替えができても、「場合」はあくまで仮定的な状況設定で、具体的な事実や場面設定を持つ文には使えない。したがって、「事務所へ行ったとき、そう言われました」「汽車が川崎《かわさき》駅を通過したとき急に雨が降り出した」「私が若いときには、まだテレビがなかった」「公衆電話を掛けたとき鞄《かばん》を忘れたらしい」のように「……とき……た」と過去・完了で結ばれる文は「場合」に置き換えることができない。それだけ「場合」は観念的な語と言えよう。

関連語　際　折

「際」は山と山との合わさりめ。転じて、事柄との出あいを言う。「際する／際して」と動詞化して、〝ちょうどそのときに行きあわす〟〝ある出来事に出くわす〟意となる。さらに、「この際、何も彼《か》もお話ししてしまいましょう」「非常の際」「今度お伺いする際には……」「帰国の際、友人に預ける」など、「とき」の意で用いられても、やはり〝ある特別の事態に出あって、それに対処し、うまく処理する〟気持ちが伴う。したがって、「際」に続く後件は意志的な事柄であって、「帰省の折に偶然、小学校時代の先生に会った」のような無意志的な例は「際」に言い換えることができない。積極的に機会に対処する話し手の意志が表れるから、単なる事態の成立する〝時〟、「『私』と言った時、女は顔を半分程三四郎の方へ向けた」（夏目漱石『三四郎』）のような例は「際」では表せない。

「折」は〝折りめ〟で、〝他と区別される特別の時〟である。

「寒さ厳しい折から、御身お大切に」「ヨーロッパへ行った折の写真」「上京の折には、いろいろとお世話になりました」「渡米の折を利用してメキシコまで足をのばす」「東京へいらっしゃる折がございましたら、ぜひお立ち寄り下さい」「折も折」「資源節約が叫ばれている折、われわれの未来がこれから一体どのようになっていくのか、じっくり考えてみるべきだ」

ある瞬間的な時点を指すのではない。特別の状況にある時間帯を漠然と指し、その時間帯がどのような状況となるか、どのような具合いとなったかを叙すとき用いられる語である。

あいだ〔間〕名詞

二つの基準となる場所・時点・事物ＡＢに挟まれた部分。またはＡＢを結ぶ部分。地理的にも、空間的にも、時間的にも、また、人物・事物同士の関係にも用いられる。

分析　基準となるＡＢの質によって「あいだ」の意味に差が出てくる。また、Ａ・Ｂの関係によっても違いが出てくる。

① 基準となるＡ・Ｂによって「間」を示す発想

基準となるＡ・Ｂは、空間的・時間的・心理的に隔たっているのが普通であるが、互いに接し合っていてもかまわない。また、結ばれている場合もある。

(1)（「ＡとＢとの間」の形で）ＡＢが隔たっている場合

「本州と北海道の間の海を津軽海峡と呼ぶ」「柱と柱の間は一間《けん》、つまり一八〇センチあります」「木々の間からは澄んだ秋の青空が見えた」「山崩れによって電車は不通となり、両駅の間には連絡バスが通《かよ》った」「間をあけないよう整列してください」「四時間めと五時間めとの間には一時間の昼休みがある」「次の急行までしばらく間があいている」「適当に間をあけて手紙を出す」

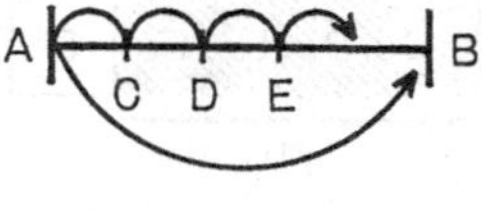

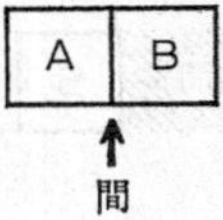

A・Bの中間に他のものC・D・E……が存在していても、A・Bを基準にして「間」を使うことができる。「東京と横浜の間には幾つも小さな駅があるが、この列車は止まらない」

要するに、現実にはどのように細かく区切られていようと、どのように種々のものがその過程に存在しようと、話し手が意識したA・B二つの基準点を一続きの範囲（中間領域）と見なして「AとBとの間」ととらえるのである。

⑵（「ABの間」の形で）ABが一体化している場合

A・Bが接触状態にあっても、やはりその境目が「間」である。

「積み重ねられた石と石との間は、カミソリの刃一枚通らぬほど互いにぴったりと組み合わさっている。まさに驚異だ」「休憩室との間をパネル一枚で仕切るだけでも、女子職員の心はずっとのびのびとするはずだ」「二人の間には、他人の垣間見《かいまみ》すら許さぬ二人だけの世界が開かれていた」「二人の間にはもはやどうしようもない心の溝が出来てしまっていた」「夫婦の間がうまくいっていないようだ」「両国の間には厳しい条約があって、自由な取り引きは許されない」「成績は優と良との間を行き来している」

間隙《かんげき》の有無は程度の差でしかない。大広間のコーナーをパネル一枚で仕切るのも、二人の心が一つに融《と》け合うのも、一を二で割り、二をたして一にする操作の違いだけで、A・Bを前提としている点では共通する。主体がA・B・C・D……と多数であれば、「人々の間で流行している」のように、〃一つの総体の中で〃の意となるが、細かく見ればやはりAからBへ、BからCへ……で、二者関係の総合である。

「これは私たちの間の問題ですから、私たちで責任を持って解決いたします」「陽子や中性子の間で激しい衝突が起こり、莫大《ばくだい》なエネルギーを放出する」

総合に基づく「間」の発想は、人や物同士の関係の場合に生ずる。(2)は連続し一体化しているものの中での関係であるから、「間」は「中」に通ずる。「コーナーとの間を仕切る／広間の中を仕切る」「夫婦の間／夫婦の中（仲）」

「間」はお互い同士の関係、つまり「仲」である。

なお、「間」を、二者を隔離断絶させる関係としてとらえ、両者を比較するときに用いた例も見られる。

「都会と田舎との間には、まだ大きな格差がある」

(3)（「AからBまでの間」の形で）A・Bがつながったコースである場合

「ふもとから頂上までの間に十個所も難所を越えなければならない」

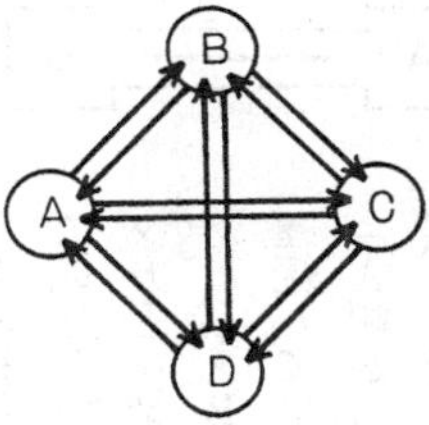

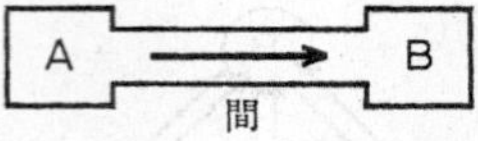

AとBとの間に中間帯が介在するという発想は、AとBとがつながり結ばれているという発想へと進む。「朝うちを出てから夕方帰るまでの間」は、朝と夕方とを結びつけ、隔たった両者の「間」を一つの道としてとらえているのである。AB間に他のものが存在して、A・Bを切り離すのではない。A・Bが連続していて、その連続したコースが問題なのである。

「A駅から高架になって、B駅までの間はずっと踏切がない」「一時、仕事再開。三時までの間がいちばん能率の上がる時間だ」「次の発車までの間に腹ごしらえをしておこう」「朝うちを出てから夕方帰るまでの間、ほっとする暇もなかったよ」「十八歳から二十二歳までの間、彼は親元を離れて東京で暮らした」

[2] ある状態をとっている範囲をもって「間」を示す発想

(1)（「……の間」の形で）その期間や時間の状況・名目で表す場合

十八歳から二十二歳までの間は「大学生の間」である。AからBまでの範囲を、特に起点と終点とで示さず、その範囲の生ずる状況や名目などを「……の間」と修飾句によって示すのである。

「咲いている間は美しいけれど、枯れると汚いね」「地上を走っている間はさほど感じなかったが、地下に入った途端にうるさくなった」「夏休みの間にすっかり黒くたくましい体になった」「るすの間よろしく頼むよ」「作業の間に疲れと飽きがたまってくるから、これをとるための休憩が必要である」「しばらくの間だから我慢してくれ」「彼は長い間外国で生活していたので、日本の事情にうとくなっている」

これらには「夏休みの間」「作業の間」のような、(A)その時間帯の生ずる名目によって示す言い方のほか、「咲いている間」「地上を走っている間」のように、(B)その主体自身がある状況にある期間中を表す言い方、さらに「しばらくの間」「長い間」のように、(C)時間の程度によって示す言い方もある。(A)は「中《ちゅう》（夏休み中、作業中、など）に当たり、(B)は「とき」（咲いているとき）に相当する。⇩とき

(2)（「……の間に……する」の形で）その時間帯にもう一つ別の事態を起こす場合

「列車の来ない間にレールを取り替えてしまったのだそうだ」「子供の寝ている間に後片付けをしてしまおう」「皆が出掛けている間に復習をすませる」「旅行している間に家の付近がすっかり変わってしまった」「修学旅行の間に一度自宅へ便りを出しなさい」「ちょっと席をはずしている間に金がなくなった」「トランプを切っている間にうまくカードをすり替えたのだ」

ある状況の期間中にそれとは無関係な何かが生ずる（または何かをなす）のである。この用法は「とき」との入れ換えがきく。ただし、「間」は、その状態に入ってから終了するまでの時間帯の中で生ずることを表し、「とき」は、その状態をとっている過程中に共

起する現象を表す。

(2)の「間」は、多く他者のある状態中に何か事をなす、異なる主体同士の関係である。「Aが……している間にBが……する／Aが……である間にBが……する」Aのある状態中をチャンスと見て行うBの行為である。同じ主体「道を歩いているとき地震に出会った」などは「間に」では言い換えられない。チャンスをうまく物にするという意識の場合は「私はトランプを切っている間に、うまく札をすり替えたのです」と、同一主体でも「間」が使える。この用法は「ながら」と共通する。「トランプを切りながら、うまく札をすり替えたのです」⇩とき（一三頁）

関連語　ま

「間《ま》」は「まを置く」「まを見はからって話し掛ける」と言うように、ポーズ（合間）である。二つの状況に挟まれた間隙であるから、「あいだ」に比べてその隔たりは小さい。もちろん、

「発車までにはまだ四十分もまがある」「日没にはまだかなりのまがあった」「今回を逃すと、次の月食までにはしばらくのまがある」

のように長い場合もある。語の意識としては〝挟まれた限られた時〟である。「長い間待たされた」は「あいだ」であるが、「少しの間も惜しんで働く」は「ま」である。「時のま

の煙」「見るまに売り切れた」「あっと言うまに食べてしまった」「まもなく二番線に上り電車が参ります」

など、みな短い時間を指している。

「世の中は三日見ぬまの桜かな」（蓼太《りょうた》）、「知らぬまに帰ってしまった」「鬼の居ぬまに洗濯じゃぶじゃぶ」「ゆっくり休むまとてない」「今日言われて明日行けでは準備するまもない」

いずれも心理的にせわしい、あわただしい時間を指している。「ま」は「いとま／ひま」（暇）でもある。「休むまもない／休む暇もない」「寝るまも惜しんで頑張る／寝る暇も惜しんで頑張る」と共通する。心理的に短いほんのしばらくの時間という意識のときは「あいだ／ま」の入れ換えができる。「るすの間に客が来たらしい」「ぼんやりしている間に出し抜かれてしまった」

関連語　**うち**

「若いうちが花だ」「近いうちに引っ越します」「そのうち運が向いてくるだろう」「うち」も、ある限られた時間に使う。「うち」は「内」で、ある範囲内を指す。「涼しいうちに片付けてしまおう」「寒くならないうちに冬ぶとんを出しておきましょう」「朝のうちは雨が残るでしょう」

いずれも、環境や状況の変化を前提とし、その変化が起こる一歩手前までを許容の範囲として〝その範囲を出ない期間中に事を行う、あるいは期間中が……だ〟の気持ちである。

⇩ -ちゅう（一一九頁）

「今のうちに大いに遊んでおこう」「働けるうちに財産を作っておかないと老後が心配だ」

「うち」には、その裏に〝あとになると遊べなくなる〟〝やがて老いて働けなくなる〟というような状況変化の含みがある。

「二、三日のうちにお訪ねしてもよろしいでしょうか」

訪問期間に「二、三日」と期限を設ける点で「うち」の発想に合う。「うち」は〝範囲内〟であるから、その範囲の限度内で、つまり〝以内〟を表す。特に状況変化を踏まえなくともよい場合もある。「試合はもう三日のうちに迫っている」時間でなくとも「僕の英語なんか話せるうちには入らないよ」「あの人など玄人のうちには入らない」のように使われる。〝中《なか》〟の意味である。

あくる〔明くる〕連体詞

話題とする事柄の生じたつぎの年、月、日を指す。

分析1　「あくる」は動詞「明ける」の文語形。その年、月、日などが終わって、次の年、月、日になること。「あくる……年／月／日」は「明けたつぎの年／月／日」の意であり、その言い方が固定して「つぎの年／月／日」を言うとき「あくる～」を用いるようになった。

「あくる」は「あくる年／あくる月／あくる日／あくる朝」のほか、「あくる昭和二十二年」「あくる三月」「あくる四日」のような特定の時を指す言い方もできる。

〝日が明けたつぎの……〟の意であるから、「あくる朝」は言えても、「あくる夕方」のような言い方はしない。「年、月、日」を介して「あくる年の暮れ」「あくる年の秋」「あくる日の午後」「あくる朝の七時」のように言わなければならない。その点「翌－」は

翌……朝、晩、日、週、月、春、秋、年

と用法が広い。

分析2　「明くる年」は、話題とする事柄の起こった（または、事柄を行った）年のつぎの年を指す。基準はあくまで話題中の時点であり、「翌年」と共通する。同じ「明くる」と書いても「明年」は「来年」と同様、表現を行っている現時点を基準としたつぎの年である。過去のことには使えない。「来年のことを言うと鬼が笑う」は、今を中心としてつぎの年。「あくる年」「翌年」は基準とした任意の年の次の年。したがって過去のことにも使える。

「終戦の翌年復員した」「東京に着いて、あくる日すぐ手紙を書いた」（以上過去）、「宿舎に着いて、あくる日電話しても間に合うだろう」「通知を受けたら、あくる日すぐ来てください」（以上未来）。

「明朝／明日／明年」の意で「あくる」を使ってはならない。

あたらしい　〔新しい〕形容詞

今まで存在しなかった事物が現れて間もない状態をいう。新しい状況として次の二つがある。

1 現れたばかりで、まだあまり時を経ていない状態。

2 現れた事物が、それまでの事物にはない違った点を有しているため、それに取って代わった場合の状態。

分析1 1は、現在または話題の時点との時間的距離を問題とする。「女房と畳は新しいほどよい」「新しい魚」「新しい野菜」等、時の経過がその物の質を落とすとの前提に立って新鮮さを問題とする。このような「新しい」には、新しいから価値があるというプラス評価がなされている（逆に、「古い」にはマイナス評価がなされる）。「新しくあつらえた服」「まだ新しい建物」「新しく入学してきた学生」「ごく新しい学問」「比較的新しいニュース」「新しい友達」等の例も、「……したばかり」の意として基本的には全く同じである。
⇩ふるい（二六〇頁）

分析2 2は、そのプラス評価が旧式のものを駆逐し、取って代わったという気持ち。「新しい制度」「新しい思想」等、「考え、意見、見方、政策、企画、発見、方法、技術、条件、型……」と抽象物、事柄、行為などについて用いることが多い。「新しい車」「新しい年」「新しいスポーツ」などの例は、1とも2ともとれる。「新しいヘヤー＝スタイル」「新しいファッション」のように、2が、さらに時代や流行の先端を行く、の意を伴うようになる。

関連語　**あらた**

「あらたに」「あらたな」の形で使われる。用法としては2の場合に限られる。「あらたに動議が提出された」「あらたな見解」は成り立つが、1の例は「あらた」で表現することはむずかしい。

あらかじめ〔予め〕副詞

事を起こすに当たって、または、事が起こるに当たって、事前にそのことを知り、そのために必要な手を打ったうえで、事に対処する。

分析 「あらかじめ」は、生起する事柄とそれに対する人物との二者の関係を基盤とする。

1 事の生起を、それ以前に（特にいつからと時点を定めず）察知すること。「大地震の襲来をあらかじめ知っていたので、難を免れた」「多くの動物は天災のやってくることを、あらかじめ承知しているかのようだ」「彼は試験にどんな問題が出されるのか、あらかじめ分かっていた」「他家へ嫁ぐときは、その家の仕来たりをあらかじめ心得ておくといい」

事の生起の察知、ある事柄を心得、承知しておくことは、意図的に獲得した知識もあるが、多くは自発的に予知し了解する。「あらかじめ」は事柄と人間とのかかわり合いであるが、このような「あらかじめ」は、主体が事柄に対して、受け手の側に回る。

2 事の生起（すること／するかもしれないこと）を考え、事前にそれへの対応策を講じて、それから事に当たる。

「あらかじめ台風の災害に備える」「試験をすることはあらかじめ予想がついたので、十分予習をしておいたから、ちっともあわてなかった」「あるいは海外に出かけることになるかもしれないというので、あらかじめ語学の勉強をしている」「地震や火災の発生を想定して、あらかじめ避難計画を立てておき、不時の災害にも万全の準備怠りない」「眠るといけないから、あらかじめ窓の鍵《かぎ》は全部掛けておいたよ」

3 事を行うに当たって、何かが生起する可能性の高いことを予期して、それ以前のある

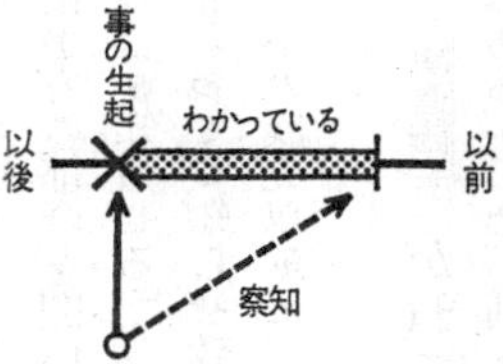

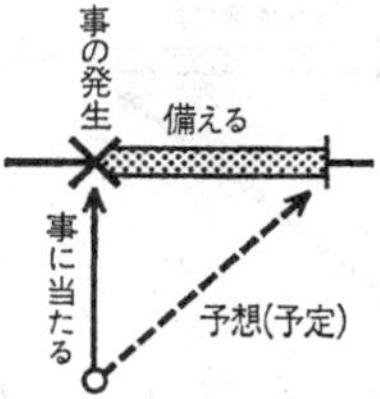

時期に必要な手を打っておき、それから事に当たる。

「あらかじめ先方の了解をとりつけてから事に当たったほうが問題が起こらない」「予定を変更する場合は、あらかじめ皆の都合を聞いてから変えてくれ」

「あらかじめ」は、自己を離れた対象の一方的な成立（天災、他者の行動など）の場合でも、自己の意志的な行為の場合でも、対象の成立に伴って生じる危険性や影響などが事前におのずから主体側に分かってきて（自発的察知）、それに対する心構えや準備態勢（自己側の防衛姿勢）を固め、根回しや事前運動など必要な手を打っておき（相手側への予防行為）、それから事に当たるという意識。消極的な受け手側の態度・姿勢である。したがって、このような発想に反する場合、たとえば、自然現象の発生「大地震が起こるときは、その先触れとしてあらかじめ何度も微震が来る」は「あらかじめ」の使い方としてはやや不自然。

関連語　**前もって**

「前もって」も、「あらかじめ」と同様の意で用いられる。ただ

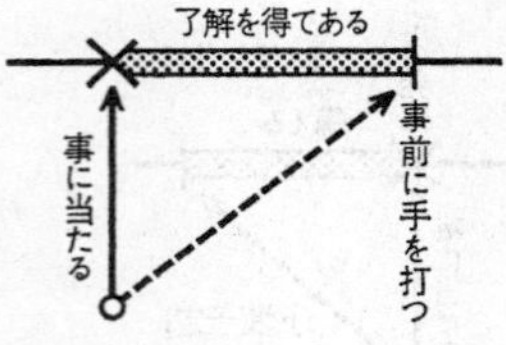

し、「前もって」は、事が生じる、または事を行う場合、それを事前に知っていて、それ以前のある特定の時点において計画的に必要な手を打つという気持ち。その成立時に重点を置かずに、事前に手を打つ行為に力点がある。この点が「あらかじめ」と差がある（「あらかじめ」は、事の成立を知って事前に準備しておき、その態勢で事の成立時に対処する。事への対処に力点がある）。だから、「前もって」はもっと積極的な意志的行為に多く用いられる。消極的な自発的行為・現象には「あらかじめ」のほうが適当。

「前もってお断りしておきますが、本日は四時をもって終了させていただきます」「そんなことは前もって分かっていたはずだ」「人の家を訪問するときは、前もって電話でも相手方の都合を聞いておくのが礼儀だ」「列車が通過する際は前もって踏切のブザーがその旨を知らせる」「前もって試験範囲を生徒に知らせておく」「予定に変更を生じる場合は、前もってお知らせ致します」

事の成立以前に、特定の時点で予知したり、予報したりすること。

関連語　かねて　かねがね

「あらかじめ／前もって」は、事柄と主体との関係において、事の成立以前に主体がそれ

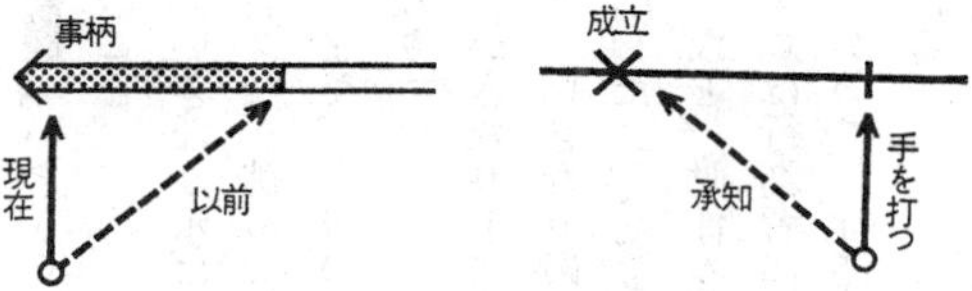

を予知して事前に手を打つという〝先回りの行為〟を表している。一方「かねて／かねがね」は、現在より以前のある時期に事柄を対象として意識し、それが現在にまで及ぶという状況。事柄の成立に先立つという発想ではない。

「かねてお待ちかねの名作映画がいよいよ封切られます」「かねてよりお聞き及びのこととは存じますが……」「かねてお願い致しておきました例の件、その後いかが相成りましたか」「かねがねお噂には伺っておりましたが、お目にかかるのは今日が初めてでございます」「かねての望みをこの度ようよう達した」

以前から継続的に今日に及んだ状態であるから、過去のことにだけ用いられ、「あらかじめ／前もって」のように、未来のことには使えない。

「かねがね」は「かねてより」に相当し、連用修飾の用法しかない。

いきなり　副詞

ある状況の流れを経ずに、突然ある行為を起こすこと。行為の順序を無視して、急に状況の流れとは無関係な他の事柄に突入するため、観察者や受け手にとっては、予想もつかぬ事柄を相手が突然起こしたと映る。本来は意志的動作の動詞に係る。

分析 「いきなり」は、状況の流れとしての手順を踏まずに、一足飛びにある行為に飛び込むこと。

「いきなり水に飛び込むなんて無茶だ。心臓麻痺《まひ》にでもなったらどうする」「助走なしにいきなり跳んでも、遠くまで跳べない」

また、自身の行為でなく、行為者と被行為者（または観察者）との関係における「いきなり」は、

「いきなりドアを開けて入ってきた」「そんなことをいきなり言われても困る」「近寄りざま、いきなり殴りつける」「椅子に座っていた男が、いきなり立ち上がって、大声で叫び出した」「バッターボックスに立つや、いきなりホームランをかっ飛ばした」

など、動作の受け手や観察者にとって予想されない行為が突如として起こる場合である。それは行為者にとってではなく、受動者・観察者側にとって思いがけない現象である。したがって、行為者にはあらかじめ分かっていた行為でも、相手にとっては「いきなり」となる。

「いきなり訪ねるのは失礼だから、前もって電話をしておこう」

行為者にとって予想できなかった状況の急変、たとえば、「彼はいきなり顔面蒼白《そうはく》にな

って倒れた」は、意志的な行為ではないが、受け手・観察者側にとっては予想できなかった状態の突発なので、やや落ち着きは悪いが、「いきなり」を使うことができる（「突然」のほうが使い方としては自然だが、「蒼白になって」に係ってしまい、「いきなり――倒れた」の構文と違ってしまう）。

自然現象「いきなり大粒の雨が落ちてきた」「物事がいきなり起こる」なども、あくまで受け手側の意識として「いきなり」を用いている。この点が「やにわに」とは多少の違いが認められる。

「いきなり」に対し「やにわに」は、あくまでも意志的な行為に限られ、三人称の人物が意識的にある行為を急に起こす場合に用いられる。

「その男は金包みを引ったくるや、やにわに逃げ出した」

関連語　**不意に**

思いもかけないことが生じる、という点で共通点を持つ。「不意に」は、「敵が不意に襲ってきた」「不意に訪ねてこられたので、あわてた」などと用いる。

また、名詞「不意」として「相手の不意を突く」「不意を打つ」（不意打ち）「不意の来客」などの用法が見られる。

動作の主体は人とは限らない。

「不意に電車のドアが開いたので外へ落ちそうになった」「不意にバスが動き出したので将棋倒しになった」など。しかし、この用例の場合は、背後に行為者（運転手）が存在する。純然たる自然現象や無意志性の行為「十一時五十八分、不意に大きな地震が襲ってきた」「不意の事故」などの例も見られ、使用の幅はかなり広い。ただし、いずれも、その不意の行為・現象によって受け手が驚きあわてたり、迷惑を被ったりするマイナスの場合である。プラスの事柄「不意に痛みが取れた」とか、「不意に受賞が決まった」などとは言わない。この点は「急に」「突然」などと比べて使用範囲が狭い。

マイナスの事柄に「思いがけない」「思いもよらない」「意外だ」の気持ちが加わり、さらにマイナスの結果が添うという限定された状態のとき「不意に」が用いられる。

関連語　**突然　突如**

行為・作用・現象などが前触れなしに急に起こるさまに用いる。

「信号が突然赤に変わった」「突然の変異だ」「突然、辺りが真っ暗になった」など、状態の激変には「突然」が用いられ、「突如」はあまり用いられない。「突如」は「突如起こったクーデター」「突如として現れた文壇の鬼才」等、かなり重大な事件、重視すべき事柄の成立に多く使われる。「大使は突如帰国した」「突如として現れた敵の大軍」

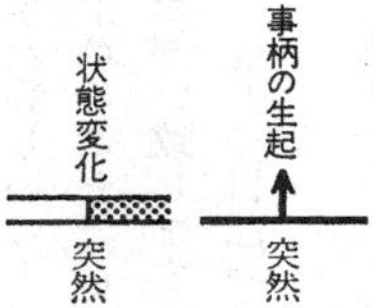

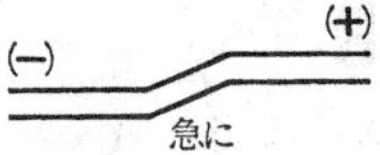

ならおかしくないが、「出かけたはずの彼が突如うちに帰ってきた」とか「弟が座敷に突如として現れた」「突如笑い出した」では大げさすぎておかしい。こういう場合は、「突然」「急に」がふさわしい。

「突然」は、「突然見えなくなった」「突然倒れた」「電車が突然動き出した」「小学校時代の旧友が突然訪ねてきた」「突然の出来事」などと用い、「いきなり」と違って〝予告なしに行う〟の意識はない。自然現象、無意識行為、意識的な行為、いずれも可能で、ある瞬間に成立する動作・作用・現象に使う。「急に」のような、時間的幅の中で進行するあわただしい変化を表さない。

「八等星が突然明るく輝き出した」の場合は、「突如として」も可能な例で、ある時を境として異変の状態に変化する様子を言う。

「最近、彼女は急に美しくなった」

状態が僅《わず》かの時間のうちにプラスかマイナス状態へと速やかに変わっていく場合は「急に」であって「突然」ではない。「彼女は突然美しくなった」では、魔法か何かによって瞬間的に変身したことになる。「急に頭がよくなった」「劣等生が急に出来るようになった」「急に体が弱ってきた」「急に白髪が増えた」など、「突然」で置き換えることができない。

いずれ　副詞

「いずれにしても」つまり〝どのみち結局は〟の意。現在より以後の適当な時期に事が実現するはずだというときに用いる。

分析　いつとはっきり指定はできないが、必ず成立するという前提を持った状況を指す。時を指定できないということは、現時点からやや隔たっている未来を漠然と示すしか方法はないが、必ず実現するはずだの意識である。

「隠したっていずれは分かることだ。それなら、いっそ早いうちに知らせておこう」「いずれ詳しいことは書面で提出いたします」「その話はいずれのことにしよう」「いずれ雨も上がることでしょうから、しばらくここで雨宿りをしていらっしゃっては」「いずれまたお伺い致します」「いずれ目を覚ますことだから、寝かせておいてやろう」

他者や自己の、無意識の行為、意志的行為、自然現象にも使える。

関連語　**そのうち**

「そのうちまた伺いますよ」「父の病気もそのうち治ると思います」

「そのうち」も近い未来の事柄を指すが、これは「そのうち、なんとかなるさ」のように、現時点で事にけりをつけようとせず、ただ漠然と未来の、余り先でない時期までの範囲を示し、その範囲内でたぶん事が落着するだろうという楽観的で責任回避的な表現といえる。「いずれ雨も上がるだろう」は、〝今すぐか少し先か分からないが、必ず上がる〟で、雨が止むことへの確信を含んだ表現である。「そのうち雨も上がるだろう」は、〝今すぐ止むことはないが、ある時の範囲内において〟という不確定の期間を示すことによって、断定することを避けるあいまいな表現である。

いぜん〔以前〕名詞　接尾語

〝今〟もしくは〝基準とする時〟からみて、それより過去のこと。〝今〟を基準時点とした場合は〝かなり昔〟という漠然とした過去の時間帯をさし、基準としてあげた時をもとにする場合は、その時を含めた〝それから前〟であって、過去のことにも未来のことにも用いる。⇩いつか（五〇頁）

分析1 ① 今を基準として、それよりかなり前の過去をさす。時の名詞としての副詞的用法のほか、「で」「までで」を除く種々の格助詞が付く。

「以前会ったことのある人」「以前から一度行きたいと思っていた」「以前のおもかげ全く

なし」「まるで人が変わったようだ。以前はこんなじゃなかった」「以前と少し変わらぬ町のたたずまい」「以前にも増して盛んな七夕祭り」「以前よりもお元気になられたようで何よりです」「以前を思い出す」

今を基準として遠い過去をさす言い方で未来の方の「以後」という語を持たない。代替表現として「将来」などを用いる。

「以前行ったことがある／将来行く予定だ」

「以後慎みます」のような「以後」は、〝今〟のあと直ちに始まる時間帯で、永久に続く。遠い未来のことをさす「将来」とは時間的にずれがある。遠い過去をさす「以前」は「将来」と対応し、「以後」とは対応していない。

② 時を表す名詞、あるいは「結婚以前」のように時期を前提とした名詞に付いて、その時より前を表す。「結婚する以前は……」のようにまれに動詞を受けることもある。

「その年の三月以前に生まれた者は早生まれとして学年が一つ上だ」「結果は一週間以前にすでにわかっていた」「夏休み以前は忙しいから、レポートは九月になってから提出のこと」「三十歳以前の作品は自然主義文学の影響が色濃く現れている」

「入学式の十日以前」とは、入学式の日を基準として、その日から数えて十日前の日という限定された時点となる。話題中の〝時〟を基準とした〝その前、ないしは後〟の、基準

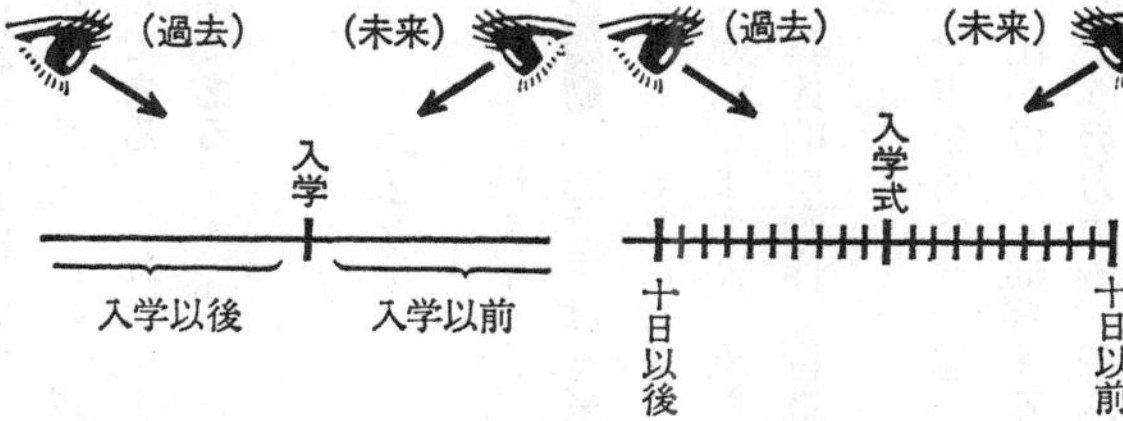

から数えて何番めかの時点を表すわけである。「入学式の十日以前／十日以後」と対応関係を取り、「入学式の十日以前に手続きした」「入学式の十日以前までに手続きを完了しておくこと」のように過去にも未来にも使える。このような「－以前／－以後」は「十日以前／十日以後」「入学以前／入学以後」と時点にも時間帯にも用いられる。前者は「入学式の十日以前」のように、基準とする時点を修飾語として示さなければならない。

分析2　「結婚以前のつき合い／結婚以後の住まい」のように、時を前提として成り立つ事柄を表す名詞を受ける用法は、時に「結婚する以前の男女のつき合い方」のように動詞の形で用いることがある。この場合「以後」は「結婚して以後は、しがないアパート住まい」のように「……て以後」の形を取る。「……する以前／……して以後」の形式的対応である。意味的には「……する前は／……してからは」の関係と考えていいだろう。

②の「－以前」は副詞的に用いられる場合は、「出場予定日の十日以前に申し込むこと」のように「に」を付けて用いる。一方、①の方は「以前申し込んだことがある」と「に」を付けずに用い、

「以前に申し込んだことがある」とは言わない。「十日以前」は特定時点をさすから「に」を伴うが、ただの「以前」は漠然とした時間帯を表すだけであるから「に」が付きにくいのである。これは「午後三時に電話します」と「午後電話します」との違いと全く同じ理由である。

いそぐ〔急ぐ〕自動詞　他動詞

ある事柄を早く完了・成立させようと、行為の進行速度を上げようとする。

分析1 「急ぐ」は本来〝心で準備する〟こと。その事柄の成立をより早く実現しようと心でそのつもりになること。当然、動作・行為のピッチが上がる。

「遅刻しますよ。急ぎなさい」「すぐ日が暮れる。急ごう」

具体的に動作・行為を示し、早く行おうとする場合には「急いで……する」の形を用いる。

「食事を済ませて急いで出かけた」「母危篤の電報に急いで帰郷した」

「出かける／帰郷する」のような瞬間動作の場合は、その動作をできるだけ早い機会に行うよう努力する。行為成立までの時間的間隔を短くするよう心ではかる。「大急ぎで」に相当する。

で回る」

一方、継続動作が立つと「もっと急いで歩け」「急いで手短に話す」「得意先十軒を急いで回る」

短い時間に片付けるよう意識して事を行う。一つの事柄にあまり時間をかけないで済ます意識である。

「速く歩け」「速く話す」「速く回る」は、ただ機械的、物理的にスピードを上げること。「急いで」の〝ゆとりを切り捨て、簡潔に、要領よく、手短に〟という精神的ピッチの速さとは異なる。「速く話す」はテープレコーダーの速回しのようなスピードをいい、「急いで話す」とは根本的に異なる。

分析2　「急ぐ」対象を「を」格で示して、「道を急ぐ」のような他動詞の言い方もできる。「準備を急ぐ」「勝ちを急いで、かえって負けてしまった」「出発を急ぐ」「次年度予算の編成を急ぐ」「通達を急ぐ」

その事柄の成立をより早く確実なものとさせたいため、ややあわてて事を行うこと。

「急いで話す／話を急ぐ」

「急いで……」は、事柄全体を簡潔に短い時間で終えようとする。「……を急ぐ」は、これから生じる事柄が早く成立実現するよう努める。「話を急ぐ」は、話を早く済ませて、次の話に早く移るようにすること。

関連語　**せく　あわてる**

「気がせく」「せいては事を仕損ずる」と「せく」は自動詞として働く。それも「気、心、息」などに限られる。事柄がなかなか実現しないことに対して心であせる。「急ぐ」が、行為者が主体となって「彼は仕事を急いだ」と意志的行為にのみ用いられるのに対し（「台風は急いで日本へ来た」などとは言わない）、「せく」は「私は気がせく」と「気／心」が直接の主語となる無意志的な自然発生的状況。

「あわてる」も自然発生的現象。意識的にあわてることはできない。思わぬ事態、心の準備ができていない状況が突発して驚きまごつくこと。

「あわてて帰る／急いで帰る」

「あわてる」には〝精神的うろたえ、理性を失った状態で〟の気持ちが伴う。「あわてて、失敗する」のように、急ぐことではなく、冷静さを欠くこと。マイナス評価の語である。

いちおう　〔一応〕　副詞

その事柄に対し、その時点では十分満足できる状態とは言えないが、完全な状態になるまで待たずに、事が成立したと認めるとき用いる。⇩ひとまず（一五九頁）

分析1　「いちおう」に続く以下の事柄が状態的なものか動作性のものかによって多少ニュ

アンスが異なる。状態的な場合、「君の意見もいちおうは筋が通る」「君の言うこともいちおうはもっともだ」「おっしゃることは、いちおうは分かりました」

〝十分とは言えないが〟という事実認定の裏には、〝表面的には完全なようだが、実は……〟という含みを持つ。「いちおう」は不完全な状態をだめなものとして否定せず、それなりに意義を認める立場の語である。

　動作性の語が続いても同様で、十分でない行為にそれなりの意義を認める意識が働く。「いちおう調べてみました」「いちおう会ってみましょう」「いちおうの挨拶《あいさつ》」のように、〝不十分だが、とにかく事を行う〟様子である。そこから〝役に立つかどうかはさておき、とにかく事を行う〟の気持ちが表れる。このような「いちおう」は「とりあえず」にははなはだ近い。⇩とりあえず（一二九頁）

分析2「台風はいちおう去った」「風はいちおう治まった」「痛みはいちおう取れた」「いちおう先生に断ってから帰ったほうがいい」「今は希望にそえないが、いちおう聞いておきましょう」「いちおう注射を打っておきましたが、それでも楽にならないようならまた電話してください」「いちおう話は伝えておいたが」「いちおう社長のお耳には入れておきます」「いちおうのことはやってみました」など。

　その現象や行為が、それで完全であると認めていない。これは、〝問題が解決したのではない、あとで再燃する〃（無意志的な現象）、〃これで完全ではない。あとで再び行う予定〃（意志的行為）という状態設定である。

関連語　ともかく

「できるかどうか分からないが、ともかくやってみよう」のような「ともかく」は、「いちおう」と言い換えが可能である。ただし、「ともかく」は、議論や推測は打ち切って、実際行動へ移し、そのあとで事の是非を論じればよいという発想である。「いちおう」のように〃失敗したら、あとで再度やりなおしを〃という前提に立たない。

いつか　連語（副詞的）

時の不定詞「いつ」に、疑問の助詞「か」の付いたもの。いつと時を明示することはできないが、その不特定の時の中のある日ある時であることは恐らく間違いないという判断のとき用いる。過去のことにも未来のことにも用いる。連用修飾語「いつか……した／いつか……する」の形のほか「いつかの……」と「の」を伴って連体修飾語としても用いられる。

分析　(1)不確かな過去のある時を表す（いつか……した／いつかの……）

〝何月何日ごろ〟と目安として示さず、漠然と過去におけるある時として表すわけである。〝いつのことであったか〟に当たるが、そのさす時点は、ある一日、つまり日単位かそれより長い時間帯で、何時何分までは下がらない。「いつか」と不定詞を用いる理由としては、はっきり思い出せない場合や不確かで月日を明示できない場合のほか、話題の事柄があったことは確かだが時までは指定できないような場合である。

「霧の中に古びた洋館の山荘がポツンと立っている。いつか見たイギリス映画にこんな情景があったような気がする」「東南方向に見られる溶岩流の跡からもうかがわれるように、過去においていつか一度は大爆発があったことは動かし難い」「この道はいつか来た道」（北原白秋《きたはらはくしゅう》「この道」）「いつかの押し売りがまたやってきた」「いつかお目に掛かったことがございましたね」

⑵不特定の未来の時を表す（いつか……する／いつかは……する）

いつとはっきり断定することはできないが、未来のある日、話題とする事柄が成立するという予想や意志のとき用いる。その事の実現に対する予想は、〝遅かれ早かれ実現するにちがいない〟という確信的推量となり、さらに、その事の実現が早晩やってくるという〝未来に対する時間的隔ての近さ〟を表すようになる。〝そのうち〟〝いずれ〟である。「いつか（は）……するはずだ／するだろう／ちがいない／したい／しよう／してみる」などの形を取ることが多い。

「いつか後悔したとしても、もうそれからでは遅すぎる」「どんなにのんきでも、いつかは気がつくにちがいない」「いつか一ぺん行ってみたいと思っていたところです」「いつかお邪魔してもよろしいですか」「いつか一度うかがいます」

(3)気づかぬ間の時の経過を表す（いつか……た／いつか……ていた）

〃いつのまにか〃の意で、「いつしか」の「し」の落ちた形。環境や話し手の外の事象（自身の場合には意思以前の現象）の時間的な移ろいに気づかず、ある時の経過の後にそれに気づく場合に用いる。〃知らぬまに〃である。⇩-ちゅう（一一九頁）

「いつか深く寝入ってしまったらしい。ふと気がついてみると、あたりはすでに夜であった」「いつか夜は明けて、朝の光がさんさんと輝いていた」

関連語　**いつしか　いつかしら**

共に〃いつのまにか〃の意味を表す。当人の気づかぬうちに時が経過し、環境や状況に変化が生じているのである。「いつしか」は文章語的、「いつかしら」は口頭語的である。「いつしか雪がふりやんで青い月夜になりました」（相馬《そうま》御風《ぎょふう》「学校のかえり」）「いつかしら秋も過ぎて寒い冬となりましたが、皆様その後お変わりもございませんか」

関連語　**かつて**

現在からみてはるか以前。特定のある一日をさすのではない。以前のある時間帯を問題とし、その時間帯の中においての出来事や状態を表す。「かつてどこかで見たことのある風景」のような特定の一時点での出来事をさす場合には「いつか」と置き換えることができるが、「かつて」は〝以前に〟の意味であって、〝その時がいつであったか不明だが〟という疑問の気持ちはない。特定の一時点をささない例ではもちろん「いつか」との置き換えはきかない。

「かつてはそういうこともありました」「かつての面影なし」「三四郎《さんしろう》が美禰子《みねこ》を知ってから、美禰子はかつて長いことばを使ったことがない」（夏目《なつめ》漱石《そうせき》『三四郎』）「いまだかつてないほどの大噴火」

「かつて……ない／かつてない」と、打消と呼応することによって〝はるか以前から現在に至るまで一度もなかった〟の意味を表す。「かつてない大事件」のように、その事柄の規模の大きさを強調する表現としても用いられる。なお「かって」と促音化して読むのは標準的ではない。⇨いぜん（四三頁）

いま〔今〕名詞

発話の時点において、過去と未来とに挟まれた「時」を認識し、表すことば。観念とし

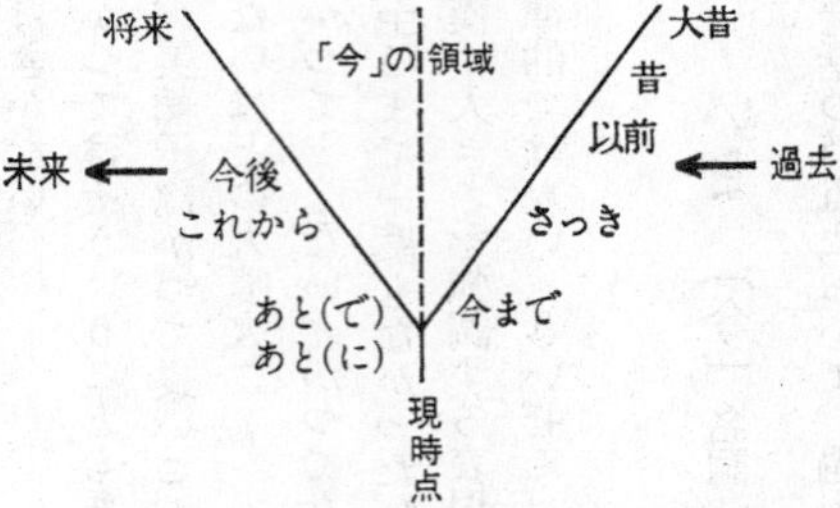

て時をとらえるのであって、厳密な、過去と未来との境めの瞬間のみを表すのではない。話し手の位置する時点から見て「今」と考える射程は、とらえる対象によって違ってくる。

分析1 「逃げるなら今だ」と言えば現時点しか表さないが、「彼は今までここにいた。今はいない」となると、多少時間の幅が生じてくる。「さっき帰った／今帰った」「今はいやだ／あとにしよう」「以前は痛みを感じなかったが、今はとても痛い」「昔はよかったが、今は悪い」「今のところは大丈夫だが、将来はだめだ」など、「過去↔今／今↔未来」を対応させる表現を見ると、「さっき／今」「今／あと」「昔／今」「今／将来」のように対応するものとの関係で「今」の幅が違っていることに気づく。「今」は一方で過去と対応し、他方で未来と対応している。その対応関係によって「今」が〝現時点〟であったり、〝近い過去〟や〝近い未来〟であったり、また〝現在〟であったり〝現代〟であったりする。その差は「今」の使われる文型と文脈によっている。

分析2 文型的には、①「……は今だ」と、名詞もしくは「……するのは」を受けて述語となる場合。②「今……している／今……する／今……した」「今……になっている／今……になる／今……になった」「今……だ／今……となっている／今……となった」等で代表される用言および名詞述語に係る副詞的用法。③助詞を伴って「今は／今が／今の／今から／今まで／今と／今より／今を」の形で主語や修飾語となる用法。「今から」は「この遺《い》蹟《せき》は今から二千年前にできたものだ」「今からお互いにいっさい口をきかないことにしよう」「やる気さえあれば今からでも間にあう」のような、〝今から始まって何年前に〟〝今から始まっていつまで〟という時の起点意識「今＋から」の場合に限られ、「今からそんな弱気な態度でどうするんだ」のような一語意識の例（副詞）は別扱いとしたい。「今に」も「今に見ろ」「今にわかる」「今に思い知らせてやるぞ」のように〝近い将来〟を指す一語意識のもので、〝今ノトキニ〟ではない。「いにしへのしづの小《を》田《だ》巻《まき》繰りかへし昔を今になすよしもがな」（『伊勢物語』三二）のような「今に」の用法は今日すたれたようである。

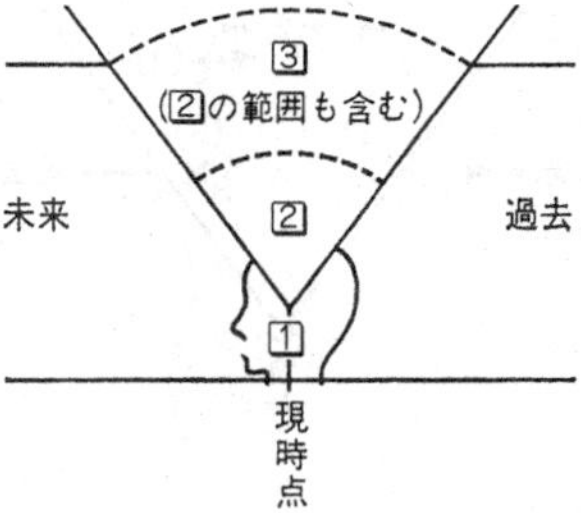

分析3 ①述語となる「今だ」

「チャンスは今だ」「逃げるなら今だぞ」「汽車は何時に出るの？／（時間を見て）ちょうど今です」「電気製品を買い換えるなら今です」「ロケットの打ち上げは今だ」

話し手が身を置く現在の瞬間である。「現在」にはこの用法がない。「今なら／今だったら」も〝出掛けるのが今であるならば〟の述語形式で①の一種である。その他「今か今かと待っている」など。

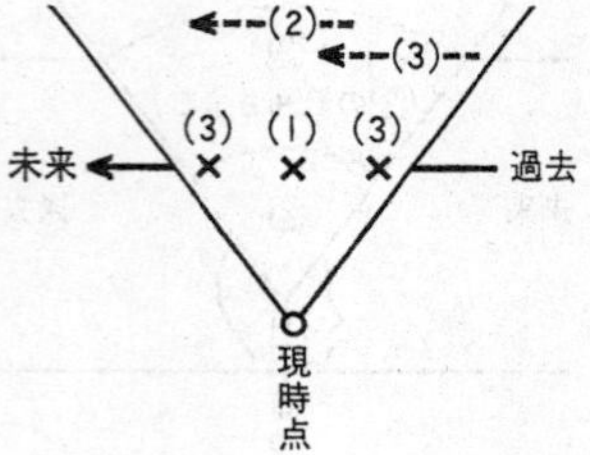

② 副詞的用法の「今」

この用法は、①と同じ〝現在の瞬間〟から、今と見なしてよいほど至近の（過去・未来の）時点まで、「今」の射程に広がりが見られる。

(1)現時点の瞬間のみを指す場合

「今何時ですか／今ちょうど十二時です」

(2)現時点において継続状態にあるものをとらえる場合（今＋動詞テイル／今＋状態動詞／今＋形容詞か形容動詞／今＋名詞）

「ぼくは今テレビを見ているんだ」「彼は今外出中です」「今いません」「今星が見えるよ」「熱が下がって病人は今静かに眠っている」「雨は今降っていない」「今ちょうど天気予報の時間です」

とらえるのは現時点だが、対象自体は継続的な行為か状態にあるため、そのスケールによって「今」の使える幅に開きが出てくる。「現在」と意味は重なる。電話で「今お話し中です」と言えば、たかだか数分の継続状態ゆえ「今」の幅は狭いが、「三原山《みはらやま》は今休眠中だ」となると、いつまで続くか不明の状態ゆえ、「目下」に置き換えられるほど幅が広まる。(2)は、次の瞬間から数分の間、二、三日間、数か月間、数年間、数十年間、数万年間……と無限に広がる可能性を含んでいる。

「ロケットは今木星の近くを通過中」「太陽黒点は今活動期に入っている」「間氷期が過ぎて、今地球は寒冷化しつつある」「宇宙は今膨張しつつある」

現時点の瞬間だけではなく、過去から未来へと続く流れとして「今」をとらえているのである。

「今……するとします／……とすれば／……だとしたら」等の仮定条件の形で、〝その対象が今を中心として、ある継続状態にある〟と措定する場合、やはり(2)の一種と考えられる。

「今ここに一千万円のお金があるとします」「今戦争が行われているとしたら、どんなに苦しく辛《つら》いことでしょう」「今、線分ABと円周との交点をそれぞれEFとすれば……三角形OEFは二等辺三角形である」

(3)現時点から見て「今」と見なせるほど至近の過去・未来を指す（「今……た」の形で、現時点の少し前、「今……する」の形で、現時点の少しあとの状況を示す）。

「彼は今帰ったばかりです」「今ここにあった鉛筆知らないかい」「バスはたった今出たところだ」「今泣いた烏がもう笑った」……近い過去の事実

「今すぐ出て行ってくれ」「今行くよ」「あ、今十二時を打つ」……近い未来の予定・予想

③助詞を伴って主語や修飾語となる場合

「今」で示される時間は、現時点の瞬間からある範囲を持った時間帯「現在／現代／今《こん》日《にち》」までいろいろである。

「今の今まで気が付かなかった」「起爆装置をセットすると、今から十分後に爆発する」「今は山中今は浜、今は鉄橋渡るぞと……」（童謡）「今から心を入れ換えて努力すれば優等賞もあながち夢ではない」「車をお買いになるなら、今がいちばんお得です」「今は何でも買える時代だ」「今の若い者には飢えの苦しみなどわかるまい」「人情は今も昔も変わらない」「大昔の地球は今よりずっと温暖だった」「今になってあわてるのはおかしい」「今のところ生命保険に入る意志はない」「自分は、今のところでは、いなかよりも都会に生活することを希望している」（寺田《てらだ》寅彦《とらひこ》『田園雑感』）

④「今なら／今だったら／今では／今でも／今でこそ」等の形で、現在の状態を措定する。

「百万長者というが、今なら百万円など大した金額ではない」「今では青い目になっちゃって、異人さんのお国にいるんだろう」（童謡）、「彼は今でも私のことを恨んでいるんですよ」「今でこそテレビなどちっとも珍しくないが、当時は駅前広場で物珍し気に見物したものだった」

A 今なら間に合う。B 今ならテレビなど珍しくない。

同じ「今なら」でも、Aは〝今すぐ行くなら〟の行為の時を仮定し、Bは〝それが今のことであるならば〟と断定的仮定を表す。行為に係るAは現在の瞬間を表し、Bは〝現代〟という時の幅を表す。③④の「今」は、行為や作用に係れば現時点を表し、状態に係れば〝現在／現代〟を表す。

分析4 以上見てきたように、「今」は、過去と未来とに挟まれた時において、話題とする対象がどのような状態であるのか、どのような行為や作用をなしているのかを問題とする。したがって、対象が現在進行や状態性の場合には時間の幅を、「た」の過去・完了の場合は至近の過去を、動詞の未来形（終止形）や仮定形の場合には至近の未来を指すことと結果的になるのである。動作や状態を規定していない「今だ」の形では、瞬間的な現時点しか表せない。

今帰った……至近の過去
今帰っている ｝……現在の時間帯
今静かだ
帰るなら今だ……現時点
今帰る（でしょう）……至近の未来

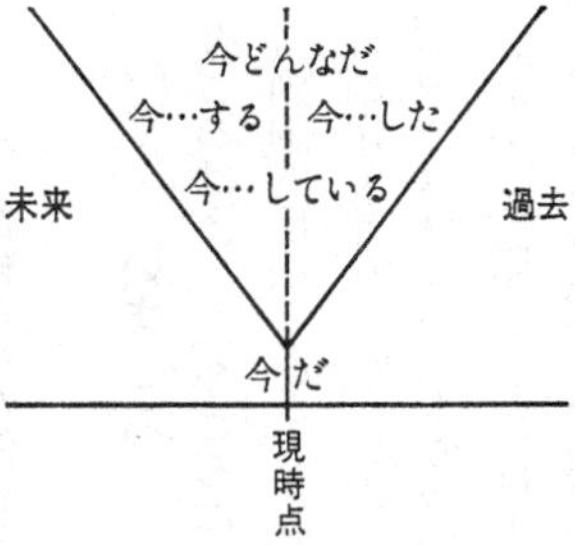

「今」は、仲縮自在な使われ方をしている。

関連語 いまごろ

「今ごろは……」「今ごろになって……」等の名詞的用法と、「今ごろ……する」と動詞に係る副詞的用法とがある。時間的・距離的に話し手から隔たった存在であるため、〝しかとは断定できないが、たぶん今ぐらいのころあいに〟の意を表す。「南米では今ごろはもう夜中の十二時ぐらいだろう」「昨年は、今ごろはもう梅雨に入っていたが」「例年今ごろはよく雪が降る」「たぶん今ごろ家に着くはずだ」「日がのびると、今ごろでもまだ明るいのだが」「あれから三時間たったから、今ごろは大阪に着いているんじゃないかな」

「今ごろ」でとらえられる対象は、話し手から隔たった存在、現在の状態についてはわかっていない存在である。そのような存在の事物が話し手の眼前に現れた場合、予想していなかったことによる驚き、思いがけなさ、意外さの観念が生ずる。

「おや、今ごろ何だって帰って来たの」「今ごろ梅の花が咲いているぞ」

これが当然起こるべき状況の場合には、やっと今の時点になって話し手の前に姿を現したことへのもどかしさや、遅さに対する不満の感情となる。

「今ごろ起きてきたのか。寝坊だな」「今ごろ出社するとは、あきれた奴だ」「今ごろになってやっと薬が効いてきた」

さらに進んで、〃しかし、今となっては遅すぎる。手遅れだ〃の気持ちへと発展する。多く以下が「……ても／……たって」の逆接形式となる。⇩いまさら（六一頁）「今ごろ返事が来ても、もう遅い」「今ごろあわてたって仕方がない」「今ごろになって詫《わ》びを入れたところで、向こうが折れるはずはない」

関連語　**いまにも**

「いまにも……しそうだ」の形で、動作や作用がまさに実現する一歩手前の状態であることを表す。ふつう比喩《ひゆ》としても用いられ、その状態は必ずしも実現するとはかぎらない。「今にも沈みそうなほど荷をいっぱい積んだ船」「今にも泣き出しそうな顔をしている」「今にも倒れそうな古い家」「空が暗くなり、今にも降ってきそうだ」「足がふらついて今にも転びそうだ」

いまさら　〔今更〕名詞　副詞

過去のことをその時点でとらえず、後になった現在において考えようとすること。〃今あらためて〃の意。

分析　文型から見て、意味に次のような発展がある。

1「いまさら・の・名詞」の形で

「息子の結婚を今更のように喜ぶ」「先生の突然のご死去をいまさらのことのように驚いている次第です」

すでに成立している事柄を現在のこととしてとらえ、新たな感情を催すという意味である。多くは、その感情が新鮮で強烈であることを強調する修辞として用いる。だから「古い写真をいまさらのように眺める」と言えば、ただ写真を見ているだけではなく、そこに何らかの感情——昔は若かったとか、美しかったとか——を抱いてしみじみと眺め入るといった状況にあると理解すべきである。この1の言い方が、下に打消しを伴うと、

2「今さら……ない」の形で

それはすでに成立・確定してしまった事柄であって、現在に始まったことではないの意となる。

「あの子の悪さはいまさらのことではない」「向こうが悪いことはいまさら言うまでもないことだ」

これに話し手の感情が伴えば、すでに成立してしまった事柄を現在のこととして処理しようとしても、もはや手遅れだの気分となる。〝今になって〟の意を表す。動詞に直接係る副詞的用法である。

「いまさら後悔しても始まらない」「いまさらじたばたしても、どうしようもない」「いまさらそうおっしゃっても、当方では責任を持ちかねます」

いまだに〔未だに〕副詞

それ以前に決着がついてよいはずの事柄が、現時点になってもなおそのままの状態で、けりがつかないときに用いる。「いまだに……ない」の形で用いられることが多い。文章語。

分析「いまだに」と言う以上、それ相応の理由によって、それ以前に起こるはずと考えている事態が、起こらぬままに尾を引いているという前提である。話し手にしてみれば、その事柄がもう当然生起しているはずだと待ち望んでいるわけであるから、「第二の関東大震災はいまだに起こらぬ」では、震災の来ることを期待しているようでおかしい。確たる証拠が示された場合、たとえば学者が九十年周期を唱えた場合なら「九十年めがすでに過ぎたにもかかわらず、いまだに起こらぬ」で、自然な表現となる。

「申し込んでから一か月が過ぎたというのに、いまだに何の通知も来ない」「犯人はいまだに挙がらない」

通知が来ることを、犯人が挙がることを、待ち望んでいるのである。次のように、同じ状況が続くことを述べた例もある。

「バミューダ三角海域の真相はいまだに謎だ」「謎だ」と肯定形で結んではいるが、否定形「わからない」と等価である。謎が解けることを待ち望んでいる点で、否定表現の場合と一致する。

「あれから一年過ぎたというのに、いまだに何の音沙汰《さた》もない」「病気はいまだに回復せぬ」「SOSの無線連絡を絶って後、いまだに消息不明である」「彼の世界記録は、十年後の今日もいまだに破られていない」「もう梅雨もとうに明けていいころなのに、気圧配置はいまだに不安定だ」

「今もって」と同じ意味を表すが、「今もって」は文章中だけでなく、口頭語としても用いられる。

いよいよ　副詞

「いよいよ」（愈）の「いよ」は、「いや栄えに栄える」「いやが上にも」などの「いや」（彌）と同じ語源だと言われる。極限に向かって段階的に状況が進み、〝さらにその上ますます〟〝前よりもなお一層〟の意から、最終段階へと達する〝とうとう遂《つい》に〟に至るまで文脈によって意味に差が出てくる。古語では省略形「いよよ」が用いられたが、現代語にはない。

分析 (1)前より上の段階へと程度が高まっていく場合　〝なお一層〟〝その上さらに〟

「風雨はいよいよ激しさを増し、舟は木の葉のように波にもまれた」「そういう事にでもなれば、事態の解決はいよいよむずかしくなる」「愛情はいよいよつのり、二人は離れられない仲となった」「連載も回を重ねて、いよいよ佳境に入る」

(2)状態が時間的に進行してクライマックスへと達する場合

事柄によって最高段階、最終段階、極限の段階、終局・破局の段階といろいろである。いずれも、ある時点へと近づき、到達するのである。

a、極限に近づく一歩手前

「いよいよ始まる世紀の一戦」「いよいよ出発という時になって雨が降り出した」「いよいよ本降りになってきた」「いよいよ本番だ」「いよいよ覚悟の時が来たぞ」「いよいよ卒業という運びになって、不都合が生じた」「話題の映画いよいよ封切り」

b、ほぼ極限に達し、もはやその先を持たないぎりぎりの線である。そこから、仮定的な〝いざというとき〟の意味が生まれる。

「いよいよとなるまで絶対に船を見捨てないぞ」「いよいよというときには手榴弾《しゅりゅうだん》でいさぎよく果てよ」「いよいよとなるまで腰を上げない」「いよいよとなれば何でもやれるよ」「いよいよというときになって、おじ気づいた」

c、最終の線がついに現れることを示す。そこから〝遂に〟〝確かに〟〝間違いなく〟などの気持ちが生まれる。

「いよいよ死刑と確定した」「いよいよ彼に間違いない」「これで彼の政治生命もいよいよおしまいだ」

関連語　**ますます**

〝増す上にもさらに増す〟で、程度がさらに著しく高まり増していくことを表す。「老いてますます盛ん」「水は引くどころか、水位はますます高まる一方だ」「その後ますます御健勝の段お喜び申し上げます」

「いよいよ」と同じ意味で用いられるが、「いよいよ」(1)は「緑いよいよ深まさる」のように文学的表現に多く、「ますます」は普通の口語体の中で用いられる。

おそい　〔遅い〕　形容詞

(ものの順序・時期・動きのスピードなどが) 時間的に見てより後のほうである状態。

分析1　「冬は日の出が遅い」「作業開始の時間が遅い」「手紙の着くのが遅い」「今からではもう遅い」のように、(1)生起・到来の時点が後である場合、後になる場合と、「この子は呑《の》み込みが遅い」「椿《つばき》は生長が遅い」「このクラスは進度が遅い」「平地の川は流れが遅い」「バスは遅いから地下鉄で行こう」のように、(2)速度が小さいようす、の二つに分けられる。しかし、(2)の〝速度が小さいこと〟は、一定の仕事量に対する所要時間が多く、終了時点がより後になるのであるから、結果として、(1)と基本的には同じことになる。

分析2 「夜遅い」というように、夜という時の流れの中で、一時点が相対的に後の方に位置するといった(1)から外れた用法もある。また、(2)は、生物・無生物を問わず、その動作にも移動にも使える。

関連語　ゆっくり

「はやい／おそい」は対義関係にあるが、あとに動詞が続く場合、「はやい」が、「はやく出かける」「はやく歩く」と言うのに対して、「遅い」のほうは、ふつう(1)の「今日は遅く出かける」「遅く起きる」「遅く帰る」と〈時刻〉には使えるが、(2)〈速度〉「遅く歩く」「遅く読む」とはあまり言わない。この場合は、「ゆっくり」を用いる。「ゆっくり」は速度の絶対的なのろさで、急がないという気持ちがある。「遅く」は何か標準となる速さや比較の対象があって、それより速度を落とすという気持ち。したがって「前の人より少し遅く歩く」なら不自然ではない。「遅く歩く」は、相手を追い抜かないようマイペースより速度を下げて歩く。「ゆっくり歩く」は、急がないでのんびりスローテンポで歩く、の意である。

かれこれ　副詞

行為や判断が一方向に決定せず、あれやこれやと揺れ動くこと。そこから、即答するには不確かさがあるが、おおよそのところという漠然とした判断の示し方のとき用いるようになる。

分析　(1)いろいろな事物に行為対象や話題が関係するさま。「あれこれ」と共通する。「かれこれ」は、遠称「かれ」(彼)と近称「これ」との複合したもの。「あれこれ」「あれやこれや」「ああだこうだ」などと基本的には同じ語である。だいたい日本語は「カ・ア」系の遠称と「コ」系の近称とが複合して、行為や判断が一つの所に落ち着かず両極に揺れ動くさま、すなわち種々雑多な状況に関与するさまを表す。「あちこち」などもこのグループの語である。

ただ一つのことに一定せず、いろいろな方に心や行いが枝分かれして複雑多岐、雑多な状態になっていくこと。〝何やかや〟である。

「私ごときがかれこれ口出しをする筋ではございません」「かれこれと実に細かく心を遣ってくださいました」「かれこれと思案をした結果の結論」

「かれこれする」の形で、「かれこれするうちに出発の日が迫った」「かれこれするうちに時間が過ぎた」と、いろいろなことに忙殺されている間に時間が経過することを述べる。何やかやと心を奪われているうちにある状況に至るという意味で「もうかれこれ家に着いたころだろう」のような言い方を生む。〝あれこれ、すなわち、いろいろと意見は分かれるにしても〟〝いずれにしても〟の意識から、〝もうそろそろ〟〝ぼつぼつ〟の時間的判断へと発展するわけである。⇩そろそろ（一〇〇頁）

⑵およそのところとして数値を示す

「当地に越してきて、かれこれ三年という月日が経過した」「発車してかれこれ四、五時間も経ったころだろう」「もうかれこれ十二時だ。一服しよう」「ずいぶん入ったな。（入場者の数は）かれこれ二千人はいるだろう」

その数値に達したか否か種々意見は分かれるところだが、おおよその見当として示す判断である。数量なら〝多少は少ないかもしれないが、だいたいのところ〟〝約〟〝ほぼ〟、時刻なら〝まだかもしれないが、もうすぐ〟〝やがて〟〝ぼつぼつ〟である。

関連語　**あれこれ**

「かれこれ」⑴の意味で「あれこれ」も用いる（⑵の意味を欠く）。「かれこれ」⑴がやや固い丁寧な文体で用いられるのに対し、「あれこれ」は、くだけた文体や口頭語で多用される。「あれこれと」の形も用いる。

「あれこれ注意する」「あれこれと細かく相談して万事ぬかりのないよう準備しておく」「あれこれ言っていても始まらない。要は実行することだ」「あまりあれこれ言うので、一体何が言いたいのかわからない」「あれこれと気を遣ってくれる」「あれこれと思案する」

過去・現在のほか、未来のことにも次のように用いられる。

「あれこれと相談しておきたいこともあるから、前日に一ぺんうち合わせをしよう」

くれる〔暮れる〕自動詞

日が沈み、辺りが暗くなること。

分析「暮れる」は「暮《く》る」（古語）で「暗《く》る」。つまり〝暗くなる〟の意。「日が暮れる」「暮れゆく山々」暗い状態になるのは夜になること。一日の終わりになることから、

①季節、年、日などを表す語を受ければ、その時が終わりになることの意。「……が暮れる」文型となる。

「一日が暮れる」「今日も職場に日が暮れる」「春が暮れる」「秋が暮れる」「年が暮れる」「今年も暮れていく」「暮れゆく年の瀬」

②また、暗くなることは、精神面での闇にも使用される。何かが原因して正気を失い、

悲しみに沈んだり、思い惑う精神状態となること。古典語では「暮る」だけでこの意味に用いられるが、現代語では「に」格を立てて、「……ニ暮れる」文型として用いる。

涙、悲しみ、思案、途方……に暮れる

関連語　くらす

人間が日が暮れるまでの時間、すなわち一日を過ごすこと。

「霞《かすみ》立つ長き春日を子供らと手まりつきつつ今日も暮らしつ」（良寛《りょうかん》）「一日何もしないで暮らしちゃった」

〝時を過ごす〟〝日を送る〟意。一日単位が、月日、歳月へと単位が拡大されても同じ。

「夏休みを別荘で暮らす」「今までは人に馬鹿にされて暮らしてきました」「日陰者として暮らしてきた」「妻と二人で暮らしています」

「ひとり暮らし」「やもめ暮らし」などもここから出た語。毎日を送ることは当然、生計を立てていくことであるから、「暮らす」には〝経済面で生活を立てていくこと〟の意が含まれる。

「こんな安い給料じゃ暮らせない」「老後はどうやって暮らしていくのだい」「これからどうやって暮らしていったらいいのだろう」

「生活する」にも同様〝生計を立てる〟の意があるが、これは本来は〝生きて活動をする〟行為であり、人間以外、動物にも広く用いることができる。
「森の中で生活している動物」「オランウータンは木の上で生活する」

このごろ　名詞

ある状態や傾向がすこし前から生じて今日まで続いているとき、現在を含めたその時間帯をいう。現在に近い特定の時を指すのではない。

分析1 「このごろの若い者はどうも言葉づかいが悪くていけない」「このごろは毎日寒い日が続く」「このごろの寒さときたら、並一通りではありません」「彼はこのごろあまり食欲がないらしい」

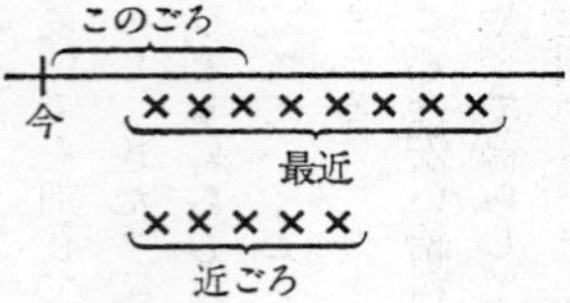

「このごろ」は状態性に係る語である。
「このごろは／このごろの」と助詞を伴う言い方と、「このごろ……だ」の副詞的用法とが見られるが、いずれも継続状態の表現である。
「このごろは毎朝気温が氷点下になる」「このごろはしょっちゅう雨が降る」「このごろ毎日風が吹く」「このごろよく居眠りしている」と動作性の動詞が使われていても、連日起こる事態（反復現象）として、やはり一種の状態と見るべきである。一回限りの動作が現れる場合は、

「このごろちっとも訪ねて来ない」「松たけはこのごろさっぱり見かけない」「このごろは、夜ふけの街を流して歩く中華そば屋のチャルメラの音がさっぱり聞かれなくなった」「彼はこのごろあまり勉強しない」「あのスーパーはこのごろ全然安売りをしないね」

「このごろ……しない」と打消し形となるのが普通。何かをしないことも一種の状態性と見られる。「このごろよく訪ねて来る」と言えば反復行為による状態性。「このごろあまり訪ねて来ない」と言えば打消しによる状態性である。純然たる動作「このごろ一度訪ねて来た」とは言えないのである。この点が「最近」と異なるところ。なお、状態変化「このごろ急に体力が落ちてきた」「このごろめっきり白髪がふえた」なら言える。

分析2　「このごろ」が状態性や傾向を導く語であるため、受ける部分はふつう次のどれかである。

このごろ
- 名詞＋だ……………………優等生だ
- 形容詞……………………寒い
- 形容動詞…………………静かだ
- 動詞
  - 継続作用……………落ち着いている
  - 反復作用……………よく見掛ける
  - 一回動作＋打消……会わない

つまり、少し前から今日まで続いていた状態、ひき続き行われていた（もしくは行われなかった）状態である。恐らく今日以後もその状態は続くと予想される。近い過去に生起した事柄は「このごろ」では表せない。「このごろ寝坊したことある？」「このごろ一度遅刻した」などは不自然な日本語。

関連語　近ごろ

「このごろ」よりやや時間単位のスケールを大きく取っているのが「近ごろ」である。「このごろ」が日を単位としている場合が多いのに対し、「近ごろ」は月や年を単位とする場合も見られる。「このごろ」同様、継続状態にも、状態の変化にも用いられる。「近ごろ流行《はやり》のロングスカート」「近ごろの学生は制服などには執着がないらしい」「近ごろは物価の変動が甚だしくて、とてもついて行けない」「（日本では）家屋なんかも、台風や地震などでつぶされても、またすぐ建て直すという簡易構造になってしまう。／そういうことも言える。近ごろこそ、大建築ができましたがね」「お父さんは近ごろ急にふけてきた」「近ごろになってめきめき力を付けてきたのが五番の大沢だ」

「このごろ」と違って、一回かぎりの瞬間的できごとに使った例も稀《まれ》に見られる。「つい近ごろ、僕は駅で五年ぶりに中村先生に会いました」「近ごろ彼は会社を退いて、田舎にひっ込んだそうだ」「彼が結婚したのは、ごく近ごろの話だ」

右のような例は、「このごろ」よりは座りがいいが、「最近」ほどにはぴったりしない。

「近ごろ」は継続的な状態について用いるのが本来なのであろう。

関連語　最近

「最近」は、さらに時間単位のスケールが大きい。「最近十年間の調査によれば、青少年の身長は著しく伸びているそうだ」「北半球は最近寒冷化しつつある」「最近地球を訪れた彗星《すいせい》は、いずれも立派な尾を引いていた」のような例は年単位で時を見ている。「長い地球の歴史から見れば、人類が誕生したのはつい最近のことだ」になると、「近ごろ」「このごろ」ではかなりむずかしい。もちろん「彼は最近好調の波に乗っている」「師の訃《ふ》を知ったのはごく最近のことだ」と、現時点から至近のところにも使える。最後の例のような、一回かぎりの瞬間的なできごと（過去の一時点）にも使える点、用法は広い。

「国語審議会は、最近漢字表の改正案を発表した」「彼は最近新しい小説を書き出したようだ」「ごく最近刊行された週刊誌」「彼は最近上京した」

は、「このごろ」に換えられない。「このごろ」はほとんど「最近」に置き換えられるが、「最近」は「このごろ」に言い換えのできぬ

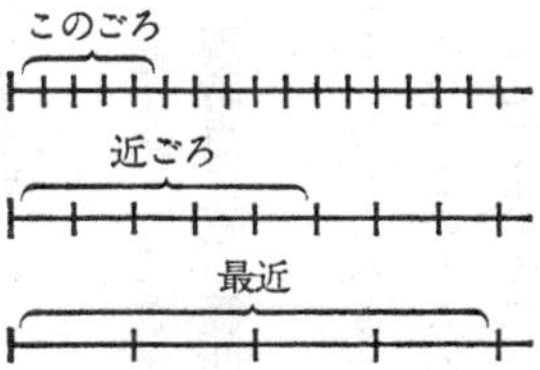

場合も多い。

関連語　ここのところ

現時点に近い範囲という点では共通するが、過去だけでなく未来にも使えるところが違う。

「ここのところさっぱり雨が降らないね」(過去)
「雨はここのところ当分降らないでしょう」(未来)
「ここ」も「ここ一週間降らなかった／ここしばらくは降らない」と同じように使うが、期間を表す語にしか係らない点で「ここのところ」より用法が狭い。⇩ここ
「ここのところ全然日食が起こらない」「ここのところしばらくは熱が下がらないでしょう」「ここのところ毎日夕焼けで空が美しいね」「地震はここのところ一度だけだった」「彼はここのところ、たった一度休んだだけだ」
瞬間的な現象、反復作用、継続動作、状態のいずれの例も見られる。「ここんところ」の形も用いられる。

関連語　このほど　このたび

「このほど赴任して参りました佐藤でございます」「これはこのほど手に入れた極秘の資

料です」「内閣はこのほど解散を宣言した」

現在に近い過去に生じた事実に使う（多くは新たに生じた事柄）。継続行為や状態には使えない。改まった会話や書簡文の中で多く用いられる。

「このたび」も、近い過去に起こった事実に使う。「このほど」と重なる面が多いが、「このたびの選挙で、わが党はあらたに八議席獲得した」「このたびは大変ご迷惑をお掛け申し上げました」「このたびの火災で社屋の半分が焼失した」

助詞を伴う言い方は「このたび」がぴったりする。やや改まった言い方である。

関連語　このあいだ

現在より少し前の日のことを、いつと限定せず示す語。「このまえ」に似ているが、「このまえ」には〝今回の一つ前のとき〟「このつぎ」に対応する使い方もある。「このあいだ」は、今回と対比させず、ただ漠然と少し前の時点を示す。ある一回の出来事に用いるが、「このあいだまで／このあいだから／このあいだで／このあいだ中」等の形で継続状態・継続行為も表せる。「こないだ」の縮約形も使う。どちらも口頭語。「先日」に相当する。「このあいだはお世話になりました」「こないだのことは、ごく内密に願います」「このあいだ会ったときはとてもお元気そうでしたが」「彼はこのあいだまで海外にいた」「このあいだからずっと考えていたんだけれど、今度会社をやめようと思う」「こないだで借金は全部けりがついた」

―ごろ　接尾語（名詞的）

時期・時刻を示す語に付いて、その「時」をぼかし、およその「時」である意に変える。〝だいたいその時分〟〝だいたいその時前後〟である。

分析1　「八時ごろ」「十月ごろ」「昼ごろ」「来週ごろ」と時を表す名詞に付くほか、「いつごろ」「何時ごろ」「何月ごろ」のように不定疑問の副詞や名詞にも付く。「近ごろ」は一語である。用言の連体形に付く「私の若いころ」「もうそろそろ産まれるころだ」などは「とき」に相当する形式名詞。「ころを見はからって出掛ける」のような「ころあい」「時機」に当たる例は普通名詞としての用法である。

「ごろ」は「確か昭和十年ごろ死んだんですよ」のように、それのみで副詞的用法となるが、この用法は「に」を伴って「昭和十年ごろに……」とも言える。「火曜ごろになる／火曜ごろにする」と「なる／する」の続く場合には、「に」を落とすわけにはいかない。他の助詞がさらに添う場合には「月末ごろまでに／ごろまで」「月末ごろからに／ごろから」の両者で意味に差が生じるので注意。

分析2　「ごろ」の付く語には制限がある。

(1)近い過去を表す語「きのう、昨日、ゆうべ、昨夜、昨晩、今朝……」などには付かない。「ごろ」はおよその時を推定的に述べることばであるから、あまりにも近い過去は不確かな「ごろ」では矛盾する。指定される「時」の前後を含めて「ごろ」で表されるのであるから、「きのうごろ」では〝たぶんきのう、あるいは、その前後のおとといか今日も含めて〟で、表現している当日まで推定の範囲に入ってしまうのである。「おとといごろ日本に着いたんじゃないかな」「たぶん一昨日ごろ来日されたのではないかと存じます」と、「おととい」以前には用いられる。遠い過去は、不確かな事柄なら使える。「昭和十年代のなかばごろ」「たしか一九三〇年代ごろに勃発《ぼっぱつ》したんだと思う」「奈良時代ごろ日本に伝わったものです」「確か去年の九月ごろだったと思うよ」「室戸《むろと》台風が上陸したのは昭和九年の九月の下旬ごろじゃなかったかしら」

「先月ごろから急に野菜の値段が上がりだした」は言えても、「彼が渡欧したのは先月ごろだ」は不自然。渡欧といった、はっきりした事実は「先月」では（月単位の場合は）まだ記憶に新しすぎるからである。同じ「先週ごろ／先月ごろ／去年ごろ」でも、事柄の内容によって言える場合と不可能な場合とがあるのである。また、「先月ごろ」は不自然でも、「先月の十日ごろ」と日単位の場合なら不自然とはならない。

(2)現在を表す「今日《きょう》」には付かない。現在を含む「今週、今月、今年」は「うちの犬も、もうだいぶ腹が大きくなったから、そろそろ今週ごろが危いぞ」と、極めて不確かな事柄の場合に限り使うこともあるが、普通には用いない。「今」は「今ごろはホテルに着いて、シャワーでも浴びてることでしょう」「去年の今ごろは入試をひかえて青息吐息だった」と、距離的・時間的に離れた事柄に対して推定もしくは回想として用いる。

(3)未来を表す語には原則として付き得る。未来は未定のこと、不確かなことだからである。「今晩、今夜、あした、あす、明日、あさって、来週、来月、来年、西暦二千三十年……」など。

「台風の接近は遅れて、今晩ごろになる見込み」「今夜半ごろから次第に風雨が強まる模様です」「おととい発送したということですから、届くのはあすごろではないでしょうか」「月曜日、火曜、水曜……」をただの曜日としてでなく、特定の日を指す語として用いる場合には、「ごろ」が付き得る。「あれは月曜ごろではなかったでしょうか。お電話したのは」「火曜日ごろにはお渡しできるでしょう」過去にも未来にも使える。

「春、夏、秋、冬」も全く同じように「ごろ」が付く。「月末」も〝今月の末〟の意で「月末ごろ配本できる予定」と使える。ただ〝末ごろ〟の意では、「週末、月末、年末」は「ごろ」が付かない。「年末ごろが一番のかき入れ時です」「年末ごろまで持つかどうか怪しい」も、〝今年の年末〟の意である。

(4)「今晩」のような特定の「時」を指す語でなく、一日のある時間帯を表す語「朝、晩、夜、朝方……」には付かない。ただし、「昼、夕方」は「昼ごろ／お昼ごろ」「夕方ごろ」

と付き得る。「昼」には、「朝、昼、晩」の対応を持つ〝昼間〟の意のほかに、〝正午〟の意があり、「昼ごろ」は〝正午〟のほうの「昼」に付いたものである。なお、「昼ごはん、昼休み」なども後者の「昼」。

(5)「翌日、翌週、翌月、翌年」は話題の中の時を基準としたその「翌〜」である。「その十日前ごろ」「その月の十日すぎごろ」も、表現時点を中心とした未来・過去ではなく、話題の中の「時」が基準になっている。このような語には「ごろ」が付き得る。「その翌週ごろから次第に彼の健康は下り坂に向かった」

(6)現実の特定の日時（過去・未来）ではなく、一般的な「時」に対しても「ごろ」が使える。何月何日ごろと日付けを示す場合である。「七月下旬ごろの暑さ」「三月ごろの陽気」「一月ごろの青空」「十日ごろの月」

　その他、一年の特定の日や期間を指す語「正月、春分、雛《ひな》祭り、入学式、夏休み、大晦《おおみそ》日《か》……」などにも付く。

「正月ごろの寒さ」「試験前ごろのあわただしさ」

　その他「戦争の始めごろ」「第二次大戦の終わりごろの社会情勢」など。

(7)年齢、人生の特定の時期を指す語にも付く。

「二十歳ごろはまだスタミナがあったが」「思春期ごろが人生でいちばん夢多きころだ」「中年ごろになるとだんだん脂肪が付いてきますから、無理にならない程度に運動をする

の特定の時を考える発想である。

(8)不定疑問詞「いつ、何日、何曜日、平成何年、何時、何分……」にも付く。これは現実必要があるでしょう」

関連語 ぐらい

「完成は月曜ごろになるでしょう／月曜ぐらいになるでしょう」「来月ごろまでに代金を払ってください／来月ぐらいまでに代金を払ってください」

文脈によっては「ごろ」を「ぐらい」に置き換えることが可能である。しかし、「ごろ」は、その時点を何月何日（または何時何分）と固定せず、おおよその時点として幅を持たせて示す気持ちである。時点をぼかすのである。

一方、「ぐらい」は、未定の（または、わかっていない）事柄に対しておよその見当としてだいたいの目安や基準を提示する意識である。時点に幅を持たせるのではなくて、推定値として一つの時点を例示するときに用いる。だから、特にいつという時期でなくとも、「二十歳ぐらいの若者」のような例示の言い方もできる。このような〝程度〟の例示表現は「ごろ」にはない。「二十歳ごろの若者」とは言えない。「ぐらい」は例示ゆえ、時点にも期間にも使える。「十分ぐらい」と言えば〝およそ十時十分過ぎ〟の意にも、〝十分間ほど〟の意にもなる。「ごろ」は時点に限るから、必ず時刻となって、十分間の意にはならない。時の長さや量は「ぐらい、ほど、ばかり」が用いられる。

さしあたり　副詞

動詞「差し当たる」の名詞形に由来する語。差し当たるは、その場に当面すること。したがって、「さしあたり」は、その場に直面して当座生ずる問題を考慮する気持ちである。「て」接続形「さしあたって」の形も並行して用いられる。

分析　〝現在この場に当たって〟が原義。ということは、「さしあたり」はあくまで目下問題となる事項や応急の対応策を考える意識であって、さらに先の未来のことは考慮外なのである。そこから〝現在のところ〟〝当面〟〝目下〟等の意味になっていくわけである。「さしあたり必要な品」とは、とりあえず必要とする品のことである。後でさらに追加する可能性を含む。「初めて外国へ行くなら、さしあたりこの程度の原地語は覚えておかないと困るだろう」とりあえず覚えておくべき最低の線を示しているのである。当然、将来はもっと高度の学習が必要なことを内に含む。「とりあえず」は、今すぐには完全なことは不可能なので、間に合わせの処置としてとにかく事を行うこと。「さしあたり／さしあたって」は、時間的に先のことは暫《しばら》くおいて、現在のところだけを問題として考えること。だから、特に事を行うわけではない現在の状態を述べる例「さしあたっての問題」「さしあたり困るというほどでもない」「さしあたり知っていることば」などは「とりあえず」で言い換えることができない。

「さしあたっての……／さしあたって……する」二つの形式があるが、「さしあたり」は用言に係る場合が普通で、「さしあたりの・名詞」は例がそう多くない。「さしあたりの準備」より「さしあたっての準備」のほうが普通である。

「さしあたって欲しい品」「さしあたり用意すべき金額はいかほどでしょうか」「さしあたって準備する必要はない」「病人はさしあたってどうということはないが、絶対安静が必要だ」「さしあたり、これという思い当たるふしは何もない」「さしあたって心配ないが、いずれ手術しておくべきだ」⇩いちおう（四八頁）、とりあえず（二二九頁）

さっき〔先〕名詞

発話の時点から見てほんの少し以前と感じられる時を指す。ふつう数分から数十分といったところ。長くてもその日になってから起こったことである。事柄によって時のスケールが変わることはない。口頭語。⇩いま（五三頁）

分析 1 事柄が少し以前に生じたことを表す場合

「さっきあなたに電話があったよ」「受付けはさっき開始したばかりです」「さっき来た客

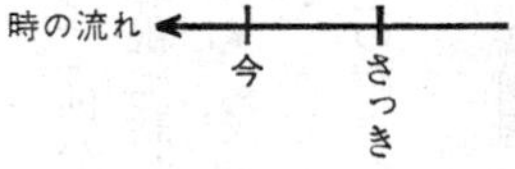

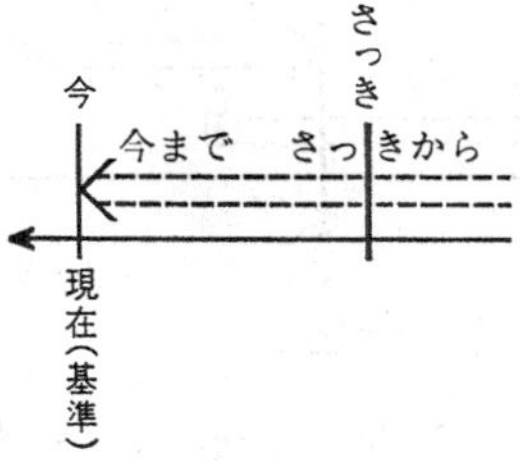

はだれですか」「さっき前の通りを救急車が通ったよ」

少し以前の過去の事実として、事柄の生起をとらえた言い方である。「さっき……した」の副詞的用法のほか、「さっきの約束はどうなっちゃったの」「さっきの話はなかったことにしよう」「さっきの客は山本さんだよ」「さっきは失礼した」「さっきと同じ失敗」と助詞を伴う名詞的用法も見られる。

② 継続した事柄が少し以前に終わったことを表す場合

「さっきまでは、そんなに大変なことだとは思ってもいませんでした」「さっきまですやすやと眠っていたのに、目が覚めてしまったのかい」「さっきまでのしとやかさはどこへやら」「さっきまで日が出ていたのに、急に暗くなった」「ついさっきまでヒグラシが鳴いていた」

「さっき」でとらえられる時点で、それまで継続していた動作や状態が止んだことを表す。「さっきまで……した」の過去表現となる。「今まで」「それまで」等の系列語であるが、「さっきから今まで」の言い方が成り立つことからもわかるように、現在を基準としている点で「今まで」と共通する。一方「それ

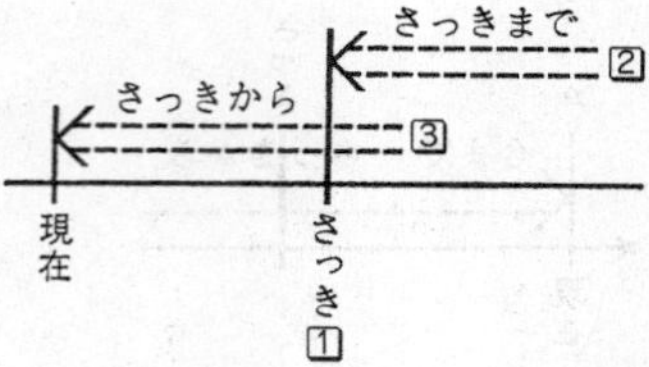

まで」は、「五年前に今の会社に就職したが、それまでは一度も働いたことがなかった」のように、話題中の時点を基準としている点で、性質が異なる。

③ 事柄が少し前の時点においてすでに継続している場合

「さっきからずっと待っているんです」「この人はさっきからここにいました」「変な人が家の前にさっきもいたし、今もいる」「さっきからずっと部屋にこもって勉強していたんだ」「さっきから我慢していたが、もう我慢できない」

「さっき」でとらえられる時点においてすでにある状態に入っており、その状態が現在も続いていることを表す。「前々から」「以前から」「前から」などの言い方の系列であるが、それより時間的に短い。「さっき」の時点の解釈は話し手の恣意《しい》によっており、「〃さっき〃って、一体いつごろのことかね」「〃さっきから〃とは何時ごろからなんだい」と、聞き手にとっては即座にはかりかねる場合も多い。かなりあいまいな言葉である。なお、「さっきから」と言っても、「さっき」という特定の時点があるわけではないから、その起点はあいまいである。

[関連語] さきほど

意味・用法面では「さっき」と変わらない。「さっき」が口頭語であるのに対し、丁寧な文体のとき用いる。

「さきほどお電話がございました」「さきほどからお客様がお待ちでございます」「お荷物はさきほどまで確かにここにございました」「さきほどは失礼致しました」

「あとで」の丁寧形「のちほど」と対応する。「先ほどお電話がありましたが、お留守でしたのでまた後ほどお電話するとのことです」

〝朝〟を指す場合には、「今朝ほど」の語が別にある。

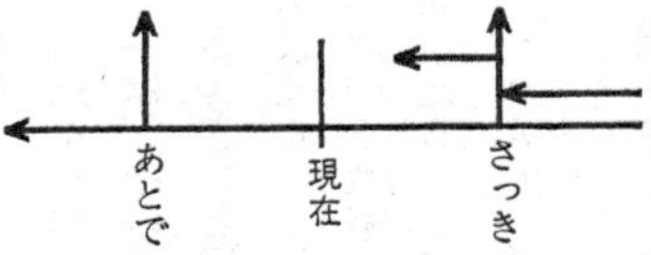

関連語　**あとで**

現在、もしくは話題の時点より後のあまり隔たらない時期に行為・作用などが生起することを表す。「いずれ」「そのうち」「今に」のような、実現時期の不確かな事柄ではない。

「あとできっと後悔するぞ」「あとで吠え面《づら》かくな」「あとでばかを見るのはこっちだ」「今は忙しいからあとで読もう」「食事はもうちょっとあとでいい」

のように、成立の確実な事柄、もしくは進んで後の時点に決定する場合である。

「あと」は、「あとの祭り」「後悔先に立たず」のように「あと／先」と対応し、ある任意の時点を基準としてそれより時間的に前か後かを問題としている。「で」の付いた「あとで」は、その基準点以後の時点で事柄が成り立つのである。

「さっき」と違い、話題の時点を基準にすえることもでき、未来ばかりか、過去の事柄にも使える。

「きのう教室のガラスを割っちゃったら、あとで先生に叱られた」（過去）、「もし犯人を捕らえることができたら、あとで警視総監から賞《ほ》められるかもしれない」（仮定）、「学校へ行ったら、あとで先生にこの手紙を渡してください」（未来）

関連語　**のちほど**

現在に基準を置く「あとで」の丁寧形。

「のちほどまたお邪魔します」「のちほどではいかがですか」「では、また後ほど」「のちほどになりますが、よろしいでしょうか」「のちほどがよろしいでしょう」

「先ほど」と違って「から／まで」の付く言い方がない。

さっそく　〔早速〕副詞

ある行為をするのにふさわしい新しい状況・条件・環境が成立した場合、その成立した新しい場面の中で、間を置かず行為に移すこと。

分析1　「宿に着いたら、さっそく湯に入ろう」「ご注文の品、さっそくお届け致します」「手紙をもらったので、さっそく返事を書いた」「洋服が届いたので、さっそく着てみた」「さっそくだが、君の意見を聞かせてくれたまえ」「椅子に座ったと思ったら、さっそく居眠りを始めた」

本来「さっそく」は、〝本人にとって行いたい、できることなら実現したい行為があり、それの実現が可能な状況になったので直ちに実行に移す〟という発想である。気が進まないながら不承不承おこなう場合には「さっそく」は使わない。逆に言えば「さっそく」と言うからには、〝やりたい気持ちがあるから行う〟と考えてよい。

「テレビの映りが悪いので、さっそく買い替えた」「テレビの具合が悪いので、さっそく電気屋に電話をした」「授業が始まると、さっそくおしゃべりを始める」など、見方によっては好ましくないような行為も、本人にとっては好ましい行為なのである。なんらかの理由で、その行為をいとう場合には「やむを得ず」となる。

「腹痛がひどいので、やむを得ず医者を呼んだ」など。

また、「さっそく」は「すぐ」と違って、「雨が降ったら、すぐ洗濯物を入れてくださ い」のように、行為を行うのに喜びや期待のない場合には使わない。「さっそく洗濯物を入れてください」では不自然である。

分析2 「さっそく」は人間の意志的行為に用いられ、自然現象にはふつう使わないが、「梅雨に入ったと思ったら、さっそく雨が降り出した」などの例も、まれには見られる。

すぎる〔過ぎる〕自動詞

「過ぎる」は、主体（A）と対象（B）との対応関係において、一方が他方に対し場所的、時間的、価値的にずれを生じ、差が生まれる。また、一方が移動し、経過して、その差が開いていく。

分析1 主体Aと対象Bとの相対的関係だが、「過ぎる」には、そのどちらかが一方を基準（または標準）として他方を眺める意識がある。A・Bのどちらかが動きを伴い、そのために他方が相対的に基準点を通り越し、先へと進んでしまう。「過ぎる」は、A－B二点間のずれ運動を、基準点側に立って眺めたもの。

(1)他方の点が基準点を越えて先へと移行していく動き。「門前を過ぎる」「定刻を過ぎる」

(2)移行して生じた両者間の開き。「K駅を二キロ過ぎたところで、停車しなかったことに運転士は気がついた」「もう五分過ぎた」

(3)ある結果が対象である基準点（標準）を越えている状態。「口が過ぎる」「極端に過ぎ

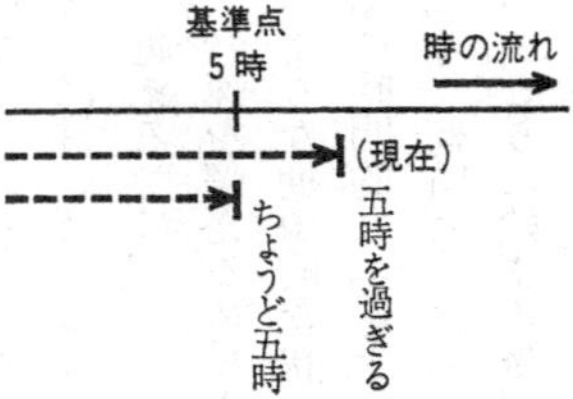

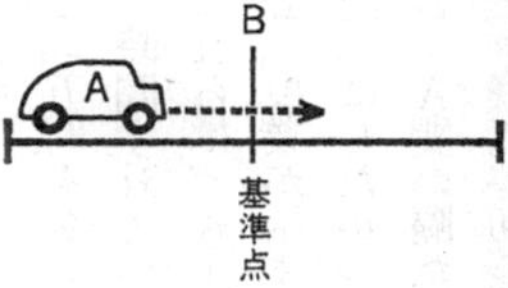

る」の三段階が認められる。

分析2 (1)(2)は場所的、時間的な「過ぎる」、(3)は価値的な「過ぎる」となる。

1 場所的な「過ぎる」

「……ヲ過ぎる」文型

「本屋の前を過ぎて少し行くとポストがある」「町並みを過ぎて郊外へ出た」「もう汽車は岡山を過ぎたころだろう」「道を半ばも過ぎたところで、忘れ物を思い出した」

「道を半ばも過ぎたところ」は、「半ば」の地点を基準点（B）にして、移動する当人（A）との位置関係を問題とする。「バスやトラックが目の前を過ぎていく」なら、話者（B）の視点が基準点となって、移動するバスやトラック（A）との位置関係が問題となる。

「横浜を過ぎれば東京はもうすぐだ」

のように、最初からB点を基準点とした発想も成り立つわけで、ここまでくると「過ぎる」は「越える」と差がなくなってしまう。

単なる〝通過〟の意の「煙草屋《たばこ》の前を過ぎたところで下駄《げた》の鼻緒が切れた」では「越える」に言い換えることはできない。

「越える」は、

「音速を超えるスピード」「ロケットはかろうじて地球脱出速度を超えることができた」

のような抽象的な状況にも用いられるが、もちろん「過ぎる」にはこの用法はない。

② 時間的な「過ぎる」

「今、何時ごろだろう？／五時を少し過ぎたところだろう」「定刻を過ぎたというのに、いっこうに始まる気配がない」「楽しかった夏休みも、あっという間に過ぎた」「沈黙のうちに一分一分が過ぎていく」「授業が始まっておよそ十分ぐらい過ぎたころ、地震が起こったのです」

(1)「五時を少し過ぎた」のように、基準点「五時」(B)に対して「現在」(A)がわずかの時間ずれている状態の「過ぎる」である。A・Bが一致していれば「ちょうど五時」。これらは、A－B二点間の相対的位置関係としてとらえる発想である。

(2)「授業が始まって十分ぐらい過ぎたころ」は、授業開始という基準点（B）から、時の流れにしたがってどの程度間隔が開いたときAが成立したか。Aの位置としてとらえず、B－A間の隔たりとしてとらえる発想。この「過ぎる」は「経つ」の発想と共通し、両者置き換えが可能である。

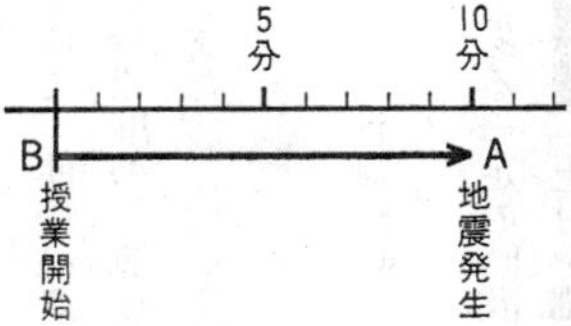

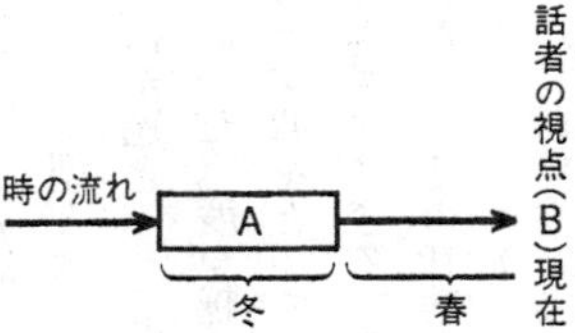

「学校を卒業して五年経った／五年過ぎた」
「卒業して五年間が経った／五年間が過ぎた」

(3)この発想はさらに、ある時間の長さのまとまり（期間）の移動へと発展する。

「長い冬が過ぎて春がきた」「ああ、今年の秋も過ぎていく」「冬はとうに過ぎて、今は春だ」「過ぎた日々を思い返す」

〝去る、行く〟などに近い。時の流れに乗った話者の視点（B）を基準点として眺めたとき、対象AがBから遠ざかり隔たる状態である。これは①の、汽車に乗った人が「愛知県はとうに過ぎて、今は静岡県だ」と言うのと全く同じ発想。

「経つ」で言い換えることはできない。

③ 価値的な「過ぎる」

「彼女は私には過ぎた嫁だ」「分にすぎるもてなし」

彼女（A）は私（B）を基準点として見たとき、価値的にBを上回る状態。B・Aが一致すれば〝釣り合った／似合いの／ちょうどふさわしい／ぴったりの〟など、いろいろ言い表せる。A－B二点間の相対的上下関係という点で①②と発想を同じくする。基準とするBが、ぎる」文型となり、「私」のような個人ではなく、世間一般の標準的な価値観に焦点を合わせると、「……ガ過ぎる」文型となり、「口が過ぎる」「度が過ぎる」「贅沢《ぜいたく》が過ぎる」「過ぎたるは及ばざるがごとし」といった〝度を越す〟〝度が過ぎる〟のマイナス評価の状態となり、さらに、「……ニ過ぎる」文型をとって形容動詞語幹が入り、「極端にすぎる」「贅沢にすぎる」「あまり親切にすぎるのもよしあしだ」となり、その状態が過度に片寄る意を添える。これが接尾語「‐すぎる」へと発展していく。

参考 「……にすぎる」を次のように用いた例が見られるが、二重表現（意味の重複）なので、使用は避けたい。

「今年度の予算規模は、経済成長率に比べて過大にすぎるのではないか」

また、「に」を省いて「予算規模は過大すぎる」のような用例も見られる。

すごす〔過ごす〕他動詞

分析1 ある一定の時間を、主体が、時の流れにしたがっておくること。

「正月を郷里で過ごす」「お陰様で楽しいひとときを過ごすことができました」「今

日一日どうやって過ごそうか」「台風が行き過ぎるまで、生きた心地もなく、震えて過ごした」「青森に着くまで、皆でトランプをして過ごした」「一夜を車中で過ごす」

ある一定時間ないしは期間を費やす主体が、自分の側から見た表現。流れ行く時間の区切れまで、ある状態で時を送りつづけること。「ダレソレハ　アル期間ヲ　ドコソコデ過ごす」の文型となる。

「暮らす」と似ているが、「暮らす」は〝人間として毎日の生活を送る〟意で、特定のある時間帯において時を費やすことではない。

「過ごす」は設定された時間の終わりまで、なんらかの方法で時の流れを通り抜ける行為。そこから、

「乏しい食糧で一か月を過ごす」「言葉も分からないのに、どうにか外国で過ごすことができた」「苦しい日々を過ごす」

など、〝危うい期間を切り抜ける〟意が生じ、さらに「適当に相手をごまかして過ごす」「敵に見つからぬよう木陰に身を潜めて相手を過ごす」など〝うまく身を処す〟〝やりすごす〟の意味ともなる。

「……ヲ過ごす」の「を」格には、時間を表す語が立って〝一定の時の長さを費やす〟の意であったものが、「相手を過ごす」のように、人や物が入って、〝避けて被害が及ばぬようにする〟意となる。

「側線に待機して特急列車を過ごす」

主体Aが、「を」格に立つ対象Cを敬遠し、避けることである。

分析2 主体Aが対象Cに積極的に取り組めば、「酒を過ごす」「いたずらの度を過ごす」のように、Cに対する行為が標準を上回る〝過度〟となり、Cの害がAに及ぶマイナス評価の状態となる。AがCに流され、マイナス状態に陥るのである。これは自動詞「過ぎる」③と対応する用法である。⇩すぎる（九〇頁）

酒を過ごす──→酒が過ぎる

度を過ごす──→度が過ぎる

関連語 -すごす

接尾語「-すごす」も、本動詞「過ごす」と同様にAがCを避けて関係しない場合と、Cに正面からぶつかって過度に陥る場合とがある。

「相手をうまくやりすごす」「人の悪口を適当に聞きすごす」（＝ながす）「他人の失敗を見すごす」

は前者の例。後者の例としては、

「あまり思いすごすのはよくない」などがあり、自動詞に付いて「寝すごす」など過度の状態を表す。

すむ 〔済む〕 自動詞

当人にとって、しなければならない未解決の事柄が、完全に片がつき、終わる。そのように持っていくのは「すます／すませる」。

分析 「済む」は「澄む」から転じた語。「濁る／澄む」で、不純な状態であったものが、混じりけが失《う》せ、透き通った清らかな状態に変わるのが「濁る→澄む」である。

水、空、空気、月、色、音、声、心、気分、頭などの状態について用いる。音や頭などは、結果として〝冴《さ》えた状態となる〟。「済む」も、当人に課せられ、当人を煩わせていた事柄——責任や義務のある事柄・従わざるをえない事柄など——がなくなって、心を悩ます不純な要素が消え、〝澄む状態〟になること。

このような状態になる条件として、

1. 解決の有無にかかわらず、それに要する時間が過ぎ去ること
2. 課せられた事柄を処理し解決しおえること
3. そのような事柄をうまく回避しおおせること
4. そのような事柄が何かの理由で失せ去ること

の四点のうち、いずれかが必要である。

「やっと期末試験もすんだ」「二百十日も事なくすんだ」「すんだことは今更くよくよしても仕方がない」「試合がすめば敵も味方もない」「手術はまだすまないのかい」

以上1の用例は「終わる」への言い換えが可能。これらはいずれも時間の観念を伴う。その事に要するある時間帯が経過すること。または、その事が生じて以後、時が経過すること。このような時間観念を伴う「済む／済ます」1は、「終わる／終える」と共通する面を持つが、「終わる／終える」は、単に継続した事柄（時間的継続でも、場面的継続でもよい）が最後まできて、おしまいになること。

「一日が終わる」「映画が終わる」「梅雨も終わって、さあ夏だ」「これで、私の話を終わります」「楽しかった夏休みも、もう終わった」「汚職が発覚して、彼の政治生命も終わった」「氷河時代が終わって、間氷期になる」「しばらく続いた町並みも終わって、辺りは畑に変わる」など。

特に外側（他者）から当人に課せられた事態にけりがつくという意識はない。したがって「一生が終わる」「平安時代が終わる」のような例は「すむ」で言い換えることができない。「映画が終わる」も「すむ」に置き換えると、「つまらぬ映画がやっとすんで、よかった」の意味になってしまう。

「月賦の支払いもやっとすんだ」「税の申告はもうすんだの」「掃除はもうすませた」「宿

題なんか早いとこすませちゃいなさい」などは、「終わる／終える／終わらせる」よりも「すむ／すます／すませる」を積極的に用いる。

②は困難な事態の解決。時間観念を伴わないから「終わる／終える」で言い換えることはできない。

「土下座するくらいですむとでも思っているのか」「金ですむことなら何とでも致します」「三千円の罰金ですんだ」「お小言程度ですんで、よかった」

起こした事態に対して償いをすることによって、元の白紙に戻らせる〝澄む〟の発想であって、〝埋め合わせがつく〟〝申し訳が立つ〟意となり、「すみません」「すみませんでした」「すまなかった」「すまない」などの言い方を派生させる。これが「ごめんなさい」の意の〝謝り言葉〟から、「ありがとう」の意の謝礼、さらに「もしもし」の意の〝呼び掛け語〟へと移行する。

③④「秋といっても暖かいから、上着なしですむ」「ぽつぽつ程度の雨なので、傘なしですんだ」「大事に至らずにすむ」「あの大雨にもかかわらず、洪水にもならずにすんだ」「お手伝いさんがいなくてもすむと思う」「予習していかなかったけれど、うまく当てられないですんだ」「このぶんなら、手術しないですみそうだ」「昼飯の残りですます」「節約して三千円ですました」

「すむ」の場合、上に否定の言い方が来るのがふつう。〃……そのようにならないで解決に至る〃という発想である。そうなってしまっては、解決（＝すむ）どころではない。

そろそろ　副詞

行動や状況が静かにゆっくりと移行するさまを形容するとき用いる。

分析1　(1)動作性の動詞に係って、その行為のスピードが極めてゆっくりであることを表す。「そろそろと」の形も用いる。人間の身体的動作に用いるのが本来。

そろそろと……起き上がる、立ち上がる、手をのばす、歩く

(2)動詞および、時間的観念を伴う名詞に係って

その行動の開始やその事柄の成立する時間に現在ゆっくりとさし掛かってきたことを表す。身体的動作の動詞に係っても、動作のスピードののろさを表すのではなく、行動開始の時間に徐々に近づいてきたさまを表すのである。「そろそろと」の形は用いず、「もうそろそろ」と「もう」と組んで用いられたり、「じゃ／では／それじゃ」などの、開始の合図の呼び掛け語といっしょに用いられることが多い。自身の意志的行為にも、他者の行動、自然現象などにも広く用いられる。

a、動作を導く場合

「じゃ、そろそろ行きましょうか」「それでは、そろそろ始めてください」

「そろそろ帰ろう」「そろそろ出掛けようか」「そろそろ支度を始めるとしよう」

b、状態変化を導く場合

「そろそろくたびれが出てきた」「そろそろ飽きの出てくる時期です」「そろそろ暑くなってきたぞ」「折り返し点にさしかかって、

c、事の成立する時間を導く

「そろそろ梅雨も明けることでしょう」「そろそろ風呂が沸くころだ」「もうそろそろ出前が届くころだが」「そろそろ出来上がってもいいはずだが、遅いな」「そろそろ東京駅に到着するころでしょう」「そろそろ講演も終わることだろう」

d、予定の時間を導く

「そろそろ試合開始の時間だ」「そろそろ昼飯だ」「そろそろ休憩だ」「そろそろ日の出だ」

e、時間や年齢などを導く

「もうそろそろ十二時だ」「もうそろそろ二十歳《はたち》だ」「あの学校もそろそろ百周年を迎えるころだ」

以上「そろそろ」は、「そろそろ出掛けないと汽車の時間に間に合わないぞ」「まだ早いけれど、別に用事もないから、そろそろ出掛けるとしようか」のように、〝遅れないように／少し早いけれども〟つまり、時間がさし迫っている場合と、時間に余裕を持って事を始める場合と、両方の場合がみられる。いずれにしても、話し手の身を置く現時点が、基準とする話題の事柄の時点に次第に近づいてきていることを表している。⇩かれこれ（五一頁）

分析2 「まもなく一番線に上り列車がまいります」を「そろそろ」に置き換えることはできない。「そろそろ」は、「そろそろ上り列車の来るころだ」のように、話し手の主観として推量的に述べる表現で、確実な時間は不明なのである。「まもなく」は、ある程度確実なことを承知の上で予告している場合である。⇩まもなく（一七六頁）

関連語 ぼつぼつ

「ぼつぼつ出掛けましょうか」のように「そろそろ」と同じ文脈で用いられる。その行為や現象の起こる時間になりかかっているさまを表す点も共通であるが、「ぼつぼつ人が集まってきた」「原稿の方は、ぼつぼつ書き出しております」「まだぼつぼつだけれど、応募者は順調に増えている」のように〝どんどん〟ではないが少しずつ事が運んでいるさまの形容にも用いられる。

(1)まもなくその時期になる少し手前、の意味のほかに、このような、(2)すでにその事が始まって少しずつではあるが進展しているさまにも使われる。この(2)の用法は「そろそろ」にはない。

〜た　助動詞

動詞に付いて、過去・完了・確かめなどを表す。形容詞や形容動詞、断定「だ」には、動詞「ある」を介して「美しくあった↓美しかった」「静かであった↓静かだった」「休みであった↓休みだった」の形で用いる。一般に〝時の助動詞〟〝時制（テンス）を表す〟と言われているが、必ずしも過去や完了のみを表すわけではない。

分析1　一般に、時間の流れに対して「過去／現在／未来」の区切り方をし、ことばの表現においても、過去は「……した」、現在は「……する」、未来は「……するだろう」と使い分けるものと思われている。しかし、日本語の〝時の表現〟は必ずしも現実の時間の区分「過去／現在／未来」に対応して語の使い分けがなされているわけではない。話し手の表現行為をなす現時点を〝現在〟とし、それ以前のことを〝過去〟、以後のことを〝未来〟とする分け方（三分法）は、現実の時間区分である。一方、日本語の表現における時間区分はどうかというと、これとは全く違う観念で区別がなされている。例文で見ていこう。

「明日一番早く学校へ来た人に、ご褒美をあげよう」「明日学校へ行ったときに、先生にお話ししよう」

→時の流れ

過去	現在	未来

成立	未成立
…した	…する …するだろう

右の例文ではそれぞれ二つの動作・行為が含まれている。

(A)明日……早く学校へ来る。(B)その時……ご褒美をあげる／(A)明日……学校へ行く。(B)それから……先生に話す

「明日」とあるので、A・B二つの行為はいずれも未来の出来事である。しかし、だからといって「……だろう／……しよう」がAにもBにも付くわけではない。Aの行為とBの行為の時間的な成立順序は、Aが先でBが後になる。〝Aが成立したあかつきに、Bをおこなう〟のである。つまり、Bをおこなう状況は、〝Aが成立してそれから生じる場面〟なのである。事柄自体は、AもBも未来のこと、現実の世界からみれば共に未成立のことであるが、表現の場面内では、Aはすでに成立したこと（話し手の観念として）と処理し、「た」を付ける。一方、Bは〝そのとき褒美をあげるつもり〟と未成立の段階にとどめているため「あげる／あげよう」の未来形にしている（この未来形が「明日」と呼応している）。日本語では「た」を付けるか否かは、〝事柄そのものが現実にもう過去のこととなったのか、まだ未来のことなのか〟によるのではなく、話の中において、〝それが間違いなく成立したこと〟と確認するか否かによる。「明日試験あったかしら」「先生のお宅にはファックスがあったかな」など、時の過去ではなく、事柄が成り立つことへの

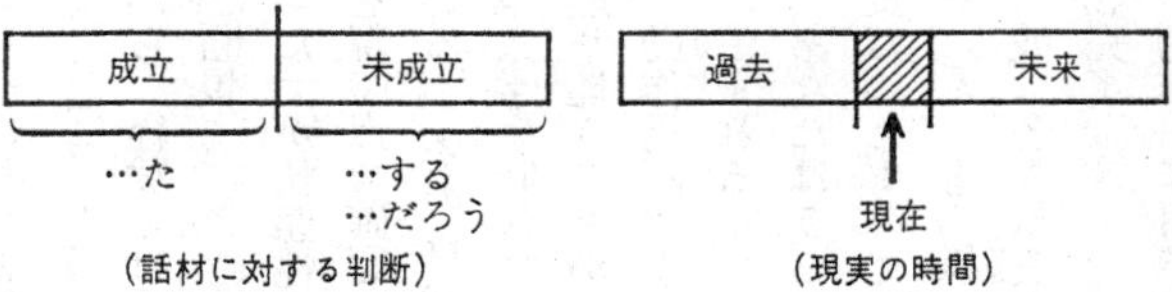

確かめの意識である。

日本語では「……た／……する」の二分法をとる。この区分の基準線は現実の時間の〝過去／未来〟の区分基準と一致しない。未来のことにも〝成立／未成立〟がある。

分析2 終止する言い切り形と、連体修飾形とで意味に違いがある。

1 終止形の「た」

(1)過去・経験

動作・作用が過去に行われたとの認識を表す。

「彼は五年前に博士になった」「彼女は昨年高校を卒業した」

これが「私は……」と話し手自身についての叙述になれば、経験の意味が加わってくる。経験も過去のうちである。経験を表すのは、動作主体が話し手自身の場合である。意志的な動作性の継続動詞に付いたとき、経験となりやすい。「私は高校時代、一夏に三度も富士山に登った」、これを可能動詞「登れた」に置き換えると〝登れたものだったなあ……〟と回想に転じてしまう。瞬間動詞では、他動詞のとき経験となりうる。

「そうやって私はアイデアを見つけた」

「見つけた」と他動詞が立つからこそ「私は……を見つけた」と経験になる。自動詞では

「アイデアが……見つかった」となって、主語が一人称でなくなり、意志動詞でなくなるから、経験とはならず、完了となる。

(2)回想

「た」が状態性を受けると回想意識となる。〝そのような状態が過去にあったということ

を現時点で確認すること〟は回想することでもある。状態性を表すものに、存在詞「ある、

いる」、そのほか「できる」などの状態動詞がある。

「大学生時代には、女友達から手紙の来ることがあった」「私はやっと問題のその人物に

巡り逢《あ》うことができた」

動作動詞でも、打消や「ている」「受身」などの付いた形は状態性を帯びて、回想意識

が生まれる。

「あなたはうちわをかざして高いところに立っていた」(夏目漱石『三四郎』)、「私が最年

長だったものですから、いつも矢面に立たされました」、形容詞や名詞に断定の付いた形

+「た」も同様であり、回想意識が伴う。

「彼は名人気質《かたぎ》というような感じの職員さんであった」

(3)完了

動作・作用が完了または実現している状態に対する現時点での認識。命題の時間には関

係なく、現在のことにも過去のことにも言える。

「菊治《きくじ》は太田《おおた》夫人とまともに向き合っていることに気がついた」（川端康成《かわばたやすなり》『千羽鶴』）、「彼が谷川岳《たにがわだけ》へ登ってもう一週間もたつ／たった」

「たつ」だと経過していることを表し、「たった」だと経過したことに対する現時点での確認を示す。それは一週間という時の長さをすでに経過しおえたという完了意識でもある。

(4)確かめ

〝確述、確定、強意〟など種々の用語で示される確かめ意識は「た」の中心的意義と考えられる。分析1で述べたように、過去も完了も広い意味での確かめである。確かめは、動作・状態・事柄がまちがいなく成り立つことを認め報告するもので、多分に心理的なものである。

「今日は足立幹彦《あだちみきひこ》さんから〝つゆどきの暮らし〟についてお話を伺うことにいたします」「ただ今のお話は××大学教授の足立幹彦さんでした」

スピーチの前と後のアナウンサーの言葉である。だから前者は未来形、後者は過去形を用いたわけではない。その証拠に、両者のテンスを入れ換えても、ともに正しい日本語である。しかし、客観的事実は違わないとしても、表現意識はかなり違う。

「どうも、いろいろありがとうございます／ございました」「じゃ、頼むよ／頼んだよ」「……する」形は概念的、「……た」形は事態の成立を確認する気持ちが働く。より具体的表現となる。

「彼は以前からここにいる／ここにいた」

「いる」は主観的な知覚として表出・主張するのみで、直接的で念押しをする意識がない。「いた」は客観的事実を経験として報告し、間接的で確かめの念が強い。「……た」の地の文の中に「……する」形が入り込む歴史的現在は、この種の言い切り形の挿入である。

「……た／……する」の対立は心理的要素によっている。挨拶《あいさつ》言葉「ごちそうさまです／……でした」「おめでとうございます／……ございました」共に未来にも過去にも使える。期待していた事態の実現に対しても、それが間違いなく成立したのだという確認意識が働き、「……た」表現をとらせる。

「電車が来ます／電車が来ました」「時間になります／時間になりました」

同じ事実を言いながら、とらえ方に心理的な差――期待の有無があるわけである。期待の実現のほか、予想の的中「やっぱり彼だったよ」、発見「ああ、分かった」「なんだ、夢だったか！」、詠嘆や驚愕《きょうがく》「まあ、あきれた！」「こりゃ驚いた！」と、「……た」は心理的表現、感情の表出に多用される。

(5)想起

「た」のあとに疑問や確認・念押し等の終助詞や間投助詞が伴うと、回想意識がより心理的、主観的となり、想起意識となる。承知ずみの知識、決定ずみの事態、既定の事実などの回想である。経験的事実ではない。

「火星に衛星あったかしら?」「お宅にファックスあった?」「明日試験あったっけ?」「(手帳を見て)火曜日はだめです。授業がありました」

「授業があります」ではただの主張でしかない。「これが大隈《おおくま》さんの銅像です/早稲田《わせだ》大学を建てたかたでしたね/ええ、そうです」

「かたですね」は主張の確認。「かたでしたね」だと想起による確かめ意識となる。想起形式は、逆に見れば、承知ずみの知識であることを暗示する。対人関係に対して用いれば、〃相手を承知していますよ〃との心遣いが、相手に対する敬意ともなる。

「何年振りかでお見かけして、ご挨拶をすると、たいていは〃どちらでしたか〃とけげんな顔をなさいます」

「どなたですか?」では失礼になろう。
(6)命令
話し手の心理内容がきわめて主観的に高められた表現、これは終止形しかない用法で、動作動詞+「た」にのみ見られる。

(相撲の)「残った、残った」、(バナナのたたき売り)「さあ、買った、買った」、その他「どいた、どいた」「さ、並んだ、並んだ」「さあ、歩いた!」「おい隆《りゅう》ちゃん、降りた、降りた、降りた、降りなきゃ登って行って引きずり降ろすよ」(野上弥生子《のがみやえこ》『哀しき少年』)

分析3 ② 連体修飾の「た」

文脈や先行動詞の種類によって意味は二種に分かれる。一つは動詞の動作性がそのまま働く完了、一つは状態性へと置き換われる属性所有（これは連体法特有の機能）である。属性所有とは、動作・作用やその結果が存続して一つの状態として主体の属性となる場合をいう。状態性を表す点では「ている／てある」と同じである。

⑴自動詞＋「た」

だいたい動詞が状態を表す場合といえば、⑴本来、状態を表す〝状態動詞〟、⑵動詞＋ている／てある、⑶動詞＋「た」の属性所有（折れた釘《くぎ》、削った鉛筆、など）、の三種である。「違う」のように「違う面／違っている面／違った面」と三様に可能な動詞もある。

「内山峡《うちやまきょう》に沿った静かな道」

「沿う」のように属性や状態の意味を帯びる動詞は、「沿う道」で状態を表す。それが「沿っている道／沿った道」と、ほぼ等価な表現を共存させる。

「帯びた〜、異なった〜、適した〜、……を持った〜」など、いずれも三様に可能な動詞である。一方、

「わさびのきいた鮓《すし》はうまい」

「きいている」は可能だが「きく鮓」とは言えない。「……ている／……た」のみ可能な例は、

「似た〜、苦みばしった〜、尖《とが》った〜、さらさらした〜、ばかげた〜、しゃれた〜、しっかりした〜、砕けた〜、ありふれた〜、太った〜、整った〜、澄んだ〜、冷えた〜、曲がった〜、焼けた〜、変わった〜」など。

これらは、本来状態の意味を帯びる動詞か、または、状態の変化、比較、関係など、属性や状態に関係のある自動詞である。

なお、「た〜」のみ不可能なものに「聳《そび》える」があり、「ている〜」形を持たぬものに、「そういった〜、……といった〜、……に因《ちな》んだ〜」のような慣用化した言い回しがある。

「た〜」しか成り立たないものは、

「主だった〜、表だった〜、こうした〜、大それた〜、ちょっとした〜、ふとした〜、ほのぼのとした〜、れっきとした〜」

のように一語化し、無活用化した連体詞的な語や句である。

自動詞に「ている」が付いた場合、(ア)状態の意を帯びる動詞なら「似ている」と〝状態性〟を、(イ)瞬間動詞なら「窓があいている」と〝結果の現存〟という、これまた状態性を表すが、(ウ)継続動詞の場合は「雨が降っている」のように継続・進行の〝動作性〟となってしまう。したがって、「た」の属性所有と置き換えのできるのは、(ア)「似ている人／似た人」(イ)「あいている窓／あいた窓」の両種で、(ウ)「降っている雨／降った雨」は意味上対応しない。

瞬間動詞(イ)は対応するといっても、「決まった顔触れ」の属性所有も、「さっき決まった顔触れ」のように、動作の時を表す副詞が付くと〝完了〟となり、「ている〜」と対応しなくなる。

「いま鳴いたからすがもう笑った」「久し振りに雨の上がった日曜日」

時の副詞により、「ている〜」との置き換えを許さぬ〝完了〟となる。「泣いた赤鬼」(浜田《はまだ》広介《ひろすけ》)となると両方に解釈できる。他動詞も受身を伴えば属性所有となる。

「仙台《せんだい》付近は、とくにそれ以北は、最も取り残された土地になっていた」

「取り残されている土地」の意である。同じ現実の状態でも「た〜」形式で表すと、きわめて概念的な状態性となってしまう。「ている〜」の具体的で現実的な生きた状態性とは違う。

「自動車に乗った人/乗っている人」

「乗った人」を属性所有と取ると、〝かつて乗ったことのある経験者〟か、さもなければ〝静止した画中の人物〟を考える。「乗っている人」は〝現実に今車中にある動的な人物〟を想像する。慣用化した言葉、

「生きた心地もない」「生きた言葉」「チョコレートの掛かったお菓子」

など、いずれも抽象的、概念的で、時の観念はない。

(2)他動詞+「た」

他動詞の場合は「てある」に対応する。

「思いのたけを込めた手紙」「絵にかいた餅《もち》」

「屏風《びょうぶ》にかいてある絵／かいた絵」

属性所有の状態性も、動作主が主語として明示されると、「横山大観《よこやまたいかん》が屏風にかいた絵」のように完了の動作性が表立ち、〝結果の現存〟となってしまう。「横山大観が屏風にかいてある絵」とすると、意味が変わってしまう。他動詞の場合は、ふつう意志的な動詞に「た」が付いて属性・状態性を帯びさせる。

「長石を入れた本格的なうわぐすり」「それは江州《ごうしゅう》商人を出した近江《おうみ》のことだからとも言えよう」

「出した近江」の「出す」は意志的でないため、「出してある近江」と言い換えることはできない。

他動詞の属性所有は、しばしば超時的で一般的事実や真理となる。

「人から聞いた知識は不正確である」「梅雨時といっても、ときどき思い出したように晴れることがあります」「捨てたものでもない」「利いたふうなことを言うね」

あとの二例は、一種の慣用化された比喩《ひゆ》である。

だしぬけ〔出し抜け〕形容動詞

心の準備ができていない状態のとき、突然他者が事を起こすこと。

分析 「思いがけない」に似ているが、「思いがけない」は、考えたこともない事態、起こりうるはずのない事態が現実となる状態を指し、特に〝差し迫って突然起こる〟の意味はない。「思いがけないうれしい便り」「思いがけなく手に入れた品」「思いがけない事件」「降って湧いたような思いがけない災難」など。

それに対し「だしぬけ」は、「出し抜く」に通じ、〝まだ当分は大丈夫だろうと油断しているとき、いきなり〟で、事の生起がある程度予想されている場合や可能性がある場合に言う。ただ、それがあまりにも突然のことなので、あわてさせられるような場合である。「だしぬけの内閣解散宣言」「あまりにもだしぬけのことだったので、しばらくは返事もできなかった」など。また、こちらに深くかかわりのある行為を他者がいきなり起こす場合に使われ、こちらと無関係な行為には使えない。「一人の男がだしぬけに立ち止まった」とは言わないが、「一人の男が私の前に近寄るや、だしぬけにナイフを突きつけた」なら、可能である。⇩いきなり（三七頁）

-だす〔-出す〕接尾語（動詞型活用）

1中にある事物を外側へ、表面のほうへと移し現れるようにする意から、2新たな状態を発生させる意へと発展し、そこから、3新たに事が始まる意へと転じていく。

分析 たとえば「考え出す」は、心の奥にあった、まだ形をなさなかった事柄が具体的な形をなして発想される。アイデアが表側へと現れる、1「内↓外」の作用であり、同時に、新たな工夫として生み出された、3〝発生現象〟でもある。「花が咲き出す」も、蕾《つぼみ》が花の体裁へと変じる発生現象であるが、発生現象は事の始まり〝開始〟に通じる。「新製品を売り出す」も、まだ一般には見せていない、奥に隠されていた新しい品を一般へと公開し販売するという「内↓外」〝発生〟の意味と、販売を始めるという〝開始〟の意とを含む。

一般に「中側↓外側／内側↓表側」への移行を予想できる動詞は「-出す」が付いて1の意となる。

「あばき出す、あふれ出す、請け出す、追い出す、押し出す、おっぽり出す、おびき出す、搔き出す、捜し出す、差し出す、誘い出す、さらけ出す、締め出す」など。

「内面↓外面」の移行現象が、結果としてある新しい状況を作る、結果をあとに残す場合には、2〝発生〟や〝作成〟となる。

「編み出す、描き出す、織り出す、醸し出す、考え出す、作り出す、弾《はじ》き出す、捻《ひね》り出す」など。

さらに、行為・作用が継続的な動作や反復動作、多数の主体によってなされる連続動作である場合には、3の〝開始〟の意を帯びる。

「言い出す、動き出す、書き出す、駆け出す、切り出す、咲き出す、泣き出す、走り出す、降り出す、笑い出す」など。

同一動作でも、文脈によって1にもなれば23にもなる。

「新しい方法を考え出した」……………2

「急に腕組みをして考え出した」……………3

関連語 -はじめる

作用・行為の開始を表す語として「-出す」と同様に「-始める」も使われる。

雨が降り出す／降り始める　歩き出す／歩き始める

桜が咲き出す／咲き始める　泣き出す／泣き始める

ほぼ同じ意に用いられるが、「-出す」は「考え出す、思い出す」のように、〝事柄の発生、形成〟の意のある点、「-始める」と異なる。「-出す」は無の状態、現れていない状態のものがおのずと顕在化し、動作・状態の変化として形をなすという気分が強い。

〝開始〟よりは〝新たな事態の成立〟の意識が強い。だから、人間行為に使われても、意志性がない。「歩き出した、読み出した」などは「彼はいやいや歩き出した」のように他者の行為を叙す場合か、「あのテレビ番組を見だしてから、土曜の夜が楽しみになった」「やっと実の親を捜し出すことができた」のように、自身のことでも結果的に事実を叙す場合で、自己の意志的判断「そろそろ本を読み出そうか」などとは言わない。「ぼつぼつ時間だ。読み始めるとしようか」、「－始める」を用いる。

「－始める」は「－終わる」と対応する。作用・現象、行為行動の開始で、

「また雨が降り始めた」「ぼつぼつ店頭にサンマが出はじめた」「うとうとと眠り始めた」「レポートは明後日から書き始めようと思います」

自然現象、無意志行為、意志的行為、いずれの例も見られる。「－始める／－終わる」(「－終える」も用いる)のコンビで、継続する作用・動作の開始意識が強い。

「この小説を読み始めたのが昨日の夕方七時で、読み終わったのは、今日の午前六時だった」

などは「－始める」のほうがぴったりする。「－だす」は〝新事態の発生、成立〟の意識が強いから、

「芥川《あくたがわ》賞をもらってから、急に皆が彼の小説を読み出した」「ぼくが川端文学を読み出したのは、中学三年のころからだ」

のような場合のほうが、ぴったりする。「-始める」は終わりが予想できる一つの継続行為の開始に、「-出す」は、新事態の成立（瞬間作用）にしばしば用いられる。

関連語　-おわる　-やむ

継続する行為や作用の終了には「-終わる／-終える」「-止む」が用いられる。両者の使い分けは、意志的行為なら「-終わる／-終える」を、「ようやく原稿を書き終えた」「長編を読み終わる」「やっと縫い終わる」「本を写し終える」「見終わる」、無意志行為、自然現象は「-止む」を多く用いる。「蟬《せみ》が鳴き止む」「子供が泣き止む」「雨が降り止んだ」

なお、意志的行為の場合は「-あげる」と共通する。「着物を縫い終わる／縫い上げる」「原稿を書き終える／書き上げる」「-終わる／-終える」は〝作業の終了〟意識が強く、「-上げる」は〝事柄の完了〟意識が強い。だから、作品としてはまだ完了していない、「やっと今日、予定した分だけは書き終えた」は「書き上げた」と言い換えるわけにはいかない。逆に、完了意識の強い「一人で作り上げた」「立派に歌い上げた」「そろそろ切り上げよう」「豆をおいしく煮上げた」などは、「-終わる」で表すことができない。

－ちゅう〔中〕接尾語

数詞、範囲や領域を示す名詞、時間帯を示す名詞、行動や状態を示す名詞などに付いて、その範囲や物の中、その時間や行動の間を表す。上に来る語によって「中」の意味に差が生ずる。

分析1 「－中」の付く語には次のようなものがある。

1 「ちゅう」と発音し、〝その物や範囲の中において〟の意を表す

(1)数詞に付いた場合　〝……のうち〟

「平均五本中二本は腐って食べられなかった」「十人中三人までが反対の意見であった」「三百人中第一位」「十中八九まちがいない」

(2)物を指す名詞に付いた場合　〝……のなか〟

「土中に住む生物」「空気中の酸素が極端に少ないために起こる現象」「海水中の塩分」「水中にもぐる」「五里霧中」

(3)ある期間を表す名詞に付く場合　〝……のうち〟

「午前中に電話する」「夏休み中に書き上げる」「今月中に一度上京する予定」〝その期間のうちに〟である。「あす中に／今年中に／きょう中に」のように「－じゅ

う」と発音する例もみられる。
(4)ある状態を表す名詞に付く場合〝……のあいだ〟
「彼は在米中に学位を取った」「不在中に起こった事件」
(5)行動・作用を表す名詞に付く場合〝……の最中〟
「会議中ですから、後で電話します」「試験中は静粛にすること」「食事中はお行儀よくしなさい」「お話し中」

②「じゅう」と発音し、〝その範囲の中すべて〟の意を表す
(1)ある範囲を表す名詞に付く場合〝……の中全部〟
「家中みんな大喜び」「全国優勝で学校中が大騒ぎ」「部屋中捜したが見つからなかった」
「お祭りで町中が大賑《にぎ》わい」「東京中／日本中／世界中」
(2)時を表す名詞に付く場合〝……の間ずっと〟
「一日中雨が降っていた」「夜中じゅう泣き続ける」「南極は年中寒い」

分析2 「‐中」は、時の名詞では、「今日《きょう》中に」「今晩中に」のように〝現在〟を意味する「今‐」の付く語「今週、今月、今年」や、未来を表す「あす、あした、来週、来月」など時間幅をもつ語に付いて、〝その時間帯を限度として、その期間内に事をなす、もしくは事が起こる〟ことを表す。未来の用法は「～までに」と重なるが〝現在からそのときまでの間〟を問題とする「～までに」と違い、〝そのときの時間帯内〟のみを問題としてい

る。

来週までに仕上げろ。

来週中に仕上げろ。

「来週までに」は今週中に仕上げてもさしつかえないが、「来週中に」は今週仕上げては具合いが悪い。

なお、特定の時間帯「今日、今月、先月」などでなく、一般的な時間帯の語に付くと「年中、一年中、一日中、夜じゅう、夜中じゅう」などのように〝その時間帯のあいだずっと〟の継続的意味となってしまう（この場合は「じゅう」と発音する）。「しょっちゅう」の「ちゅう」である。また、

時間中、授業中、営業中、工事中、修理中、調査中、食事中、仕事中、受付け中、（お）話し中、考え中、取り調べ中、（お）取り込み中、プレイ中、アルバイト中、レッスン中

のように、行為を表す語に付いて、その行為を続けている〝最中〟の意ともなる（この場合は「ちゅう」と発音する）。漢語・和語のほか外来語にも付く。

「－中」は時点の語には付かない。「十二時までに」はよいが「十二時中に」とか「正午中に」などとは言わない。時間帯の語なら「午前中に電話します」と可能であるが、それは「午前／午後」と名目が変わるから〝午前を越えない範囲内において〟の意識が芽生え

るのである。「午後中に」と言えないのは、午後の終わりは「きょう」の終わりに重なるから「きょう中」で代表されるわけである。

関連語 ～うちに

曜日は「月曜日中に」とか「火曜中に」とふつう言わない。「月曜日のうちに」「火曜のうちに」と「うちに」が使われる。これは「去年のうちに買い整えておいた」「きのうのうちにすませておくべきだった」と過去にも使われるほか、「今のうちに／朝のうちに／冬のうちに／明るいうちに／日のあるうちに／誰もいないうちに／子供の寝ているうちに」と現在の〝時〟によく用いられる。「明日のうちに」など未来には使えない。「うちに」は元来「外」に対する「内」で、内側の部分、それを越えたら外の世界となってしまうという意識の語である。つまり環境や状況変化を前提とし、その変化が起こる一歩手前までを内側つまり許容の範囲として〝その期間中に……する／その期間中が……だ〟の意識を表す。

「若いうちが花だ」「働けるうちに働いておけ」「外国にいるうちにしっかり英語を身につけておこう」

みな変化を前提とした期間である。変化を前提とせぬ事柄「大学生のとき覚えたドイツ語」など「大学生のうちに覚えたドイツ語」とは言い換えられない。「大学生のうちに覚えておかないと、卒業してからではもう無理だ」のように変化を前提とするなら「うちに」が使える。未来のことは変化の到来が予期できぬから「明日のうちに」とか「来週のうちに」と言わないまでである。「そのうち／近いうち／二、三日のうちに迫っている」などは状況変化を起こす（何か事をなす／事が起こる）という予定・予想が立っているときに用いる。「知らず知らずのうちに」も、自身の意識を超えて自らの状況に変化を起こしてしまうのである。なお、自身の行動変化に用いるのであって、自身の外の世界や対象には用いない。それは「知らぬまに」である。「知らぬまに夜が更けていた」を「知らず知らずのうちに夜が更けていた」などとは言わない。

とたん〔途端〕名詞（副詞的）

何か行為をなしたり、ある現象や状態変化が起こると、直ちに時を合わせて、たまたま、あるいはそれに関連した現象や状態変化が生ずることを表す。⇩いきなり（三七頁）

分析1 「とたん」は「に」を伴って「とたんに」の形でも用いられる。文中に現れる形としては、次のようなものがある。

(1)……たとたん（に）……た

「ドアを開けたとたん、非常ベルが鳴り響いた」「人のポケットに手を入れたとたんに手錠がはめられた」

(2)とたんに……た

「私が百点を取ったら、とたんに皆が尊敬しだした」「正義感から彼は自首して出た。とたんに周囲の者たちの彼を見る目が変わってきた」

(3)そのとたん(に)……た

「何気なく窓から顔を出した。そのとたん、カメラのフラッシュが光った」

(4)とたんの+名詞

「あまりにも途端の出来事なので、じゅうぶんに考える暇もなかった」

右のうち(1)〜(3)は以下に係る副詞的用法であるが、(1)は前文を受けて連用修飾句に変える働きをしている。(1)(3)は「に」を省くことも多いが、(2)はいつも「とたんに」の形で用いられる。

分析2 「とたん」で結ばれる前後の句(または文)は、行為、自然現象、状態変化とさまざまである。ア.ある一時点を境として急激に状態変化を起こす場合と、イ.その時点の瞬間をとらえて事が起こる場合とがあるが、いずれにしても間髪を容《い》れず前件の事柄に対応して後件の事態や事柄が生ずるのである。また

「薬を飲んだとたん、にわかに顔面蒼白《そうはく》となった」「日が落ちたとたんに、あたりが暗くなった」「スイッチを押したとたん、ドカンとダイナマイトが爆発した」

のように、行為や現象と結果との間に因果関係がある場合と、「家を出たとたんに雨が降り出した」「食事を始めたとたんに停電になった」のような偶然の一致とがある。

関連語　しゅんかん　せつな

「瞬間」は〃まばたきをする間〃つまり、きわめて短い時間をいう。「またたくまに」という語もあるが、これはやや時間幅が感じられ、「瞬間」より長い。「瞬間に／瞬間的（に）／一瞬／一瞬間」「瞬間風速」等の語を造る。名詞であるから文中での使われ方はさまざまで、文法的にも種々の型が現れる。

「瞬間の出来事」「瞬間をとらえる」「瞬間にして消える」「瞬間的に頭にひらめいた」「その瞬間、目から火が出た」「衝突の瞬間は覚えていない」

など。「瞬間」が動詞を受けて「……する瞬間……する／……した」「……した瞬間……する／……した」と以下に係る連用修飾語となる場合、「とたん」ときわめて近い意味を帯びてくる。これは「刹那《せつな》」にも言えることであるが、こちらはやや古い感じの文章語である。「その刹那」「刹那的」「刹那主義」などの語も造る。

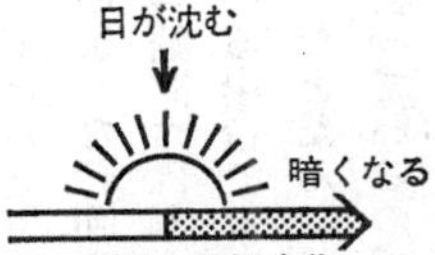

ア．突然の状況変化

イ．瞬間の出来事

「彼等は高く高く、空の真中近くまで眼を上げた。その刹那、曙《あけぼの》の色で幻の蓮華《れんげ》の莟《つぼみ》のように淡紅《うすあか》く染まった、偉大な山頂が眼に入った」（小泉八雲《こいずみやくも》「心」）
「薬を飲んだ瞬間、眼の前が真っ暗になって気を失った」「列車は擦れ違う瞬間、互いに警笛を鳴らし合った」「会った瞬間、あの人は私の妹に間違いないと感じました」「水滴は落ちた瞬間ジュッと音を立てて蒸発する」

前件の行為や作用が生ずる時点と時をそろえて、後件の事態が発生する。同時的現象としてとらえているわけである。その点「……したとき……した」と似ているが、「とき」のような時間幅はない。⇩とき（一三頁）

「瞬間」は「とたん」と似通う点が多いが、「とたん」はたとえ瞬間性の出来事を叙している場合でも、〝そのことに引き続いて起こる突然の状況変化〟の色彩が濃い。「電車に乗ったとたんにドアが閉まった」も、乗る行為とドアの閉まる作用との単なる時間的一致を言っているのではない。乗車に引き続いて直ちに客の乗降を打ち止めする状態が引き起こされたという間髪を容れず生ずる状況変化を表している。同一主体の同時的現象

「ああ、これで何も彼《か》もおしまいだなと、衝突した瞬間頭をかすめた」

を「とたん」に換えるわけにはいかない。「九月に入ったとたんに涼しくなった」のような、ある時を境にして急激に状況変化が現れる例は「瞬間」で表すことができない。「瞬間」はゼロ秒の差で生起する現象だからである。同時的現象ゆえ「……する瞬間」とも言

えるが、「とたん」には「……するとたん」の言い方がない。

関連語 つかのま

「束の間」で〝僅《わず》かの間〟、「つかのまの命」「つかのまも怠りなく勉学にいそしむ」「進学の夢もつかのまにして破れた」のように独立した名詞としても用いられるが、前件を受けて「……たのもつかのま」の形で一つの言い回しとなることが多い。その状態になったが長く続かず、じきに他の状態に変わってしまうことを表す。「ようやく波乱多き彼の生涯にも平和が訪れたかにみえたが、それもつかのま、病魔はすでに彼の身体をむしばんでいた」のように、かなりの時間的長さをもつ場合もみられる。彼の一生からみて、ようやく訪れた平和の日々を「つかのま」と感じ取ったわけで、「瞬間」のような、ストップウォッチで押すような時差ではない。

関連語 ～やいなや

「帰社するやいなやデスクには山のように仕事が待っている」「列車が停車するやいなや、どっと乗客が殺到した」「書面に目を通すやいなや、彼の顔色はさっと変わった」「解禁日が来るやいなや、待ち構えたように釣り人たちがどっと川に繰り出した」「席に着くやいなや、裁判長は開廷の宣言をした」「試合開始のゴングが鳴るやいなや、コーナーから勢いよく飛び出した」

「いなや」は「否や」で、否定に疑問の助詞「や」の付いたもの。〃……か……ないかのうちに〃で「席に着くか着かないかのうちに」つまり〃席に着くと直ちに〃である。「店を開くやいなや客がつめかけた」のように、前後で行為主体が変わる例もみられる。「いなやの催促」の例でもわかるように、〃即座に〃〃直ちに……せよ〃という待ち構えの姿勢があり、後件の行為や事態が前件の成立を時間的に追いかけるようにしてやってくるという意識のとき用いる。やや古めかしい文体で使用される。

関連語 ～なり

「顔を見るなり泣き崩れた」「酔って帰ってくるなり眠ってしまった」「勝手にしろと言うなり背中を向けてふて寝をしてしまった」「『何を』と言うなり殴り掛かってくる始末」「なり」は〃様子〃である。ある特定の状況や様子をとると、そのまま次の（望ましくない）行為や状態に引き続き移ることを表す。「～いなや」と違って、同一主体の意思的な事柄に限られる。〃……すると、そのまま〃の意味で、前件に述べた様子が、後件に述べる行為の始まるきっかけとしての状況説明となっている。「なり」は「黙って家を出たなり帰ってこない」のような状況変化を伴わぬ〃……したきり〃〃……したまま〃の意味を表す例もみられる。

以上は接続助詞としての「なり」であるが、そのほか、副助詞としての用法、例示の「医者になり相談してみたら」「謝るなり弁償するなり、いずれにしても、ただではすむまい」「飯なり酒なり、さっさと出せ」「行くなり帰るなり、好きなようにしなさい」「どこへなりともお供します」「何なりと望みがあれば言ってください」のような例もみられる。これは〝……（名詞）でも〟〝……（動詞）……とか〟の意味を表す断定の助動詞「なり」の固定した一つの用法で、前述の、様子を表す「なり」とは別語である。

とりあえず　〔取り敢えず〕副詞

〝取るべき物も取らずに〟という基本義から、あれこれ是非を詮索《せんさく》する時間的いとまがないので、不十分な状態ではあるが、完全な状態になるまで待たずに事を行うという意味に用いられる。⇩さしあたり（八三頁）、ひとまず（一五九頁）

分析　「右とりあえずご報告まで」「とりあえず警察に一報しておいた」「とりあえず手付け金として、これだけお渡ししておきます」など。

不十分、不完全なまま事を実行に移す、という点では「いちおう」に近い。ただし、「とりあえず」は、〝急いでいる、間に合わない〟という状況下でのやむをえない行為に用いる。「いちおう」には〝時間的制約はないが、試しに／事のついでに／念のため／第一段階として〝等の、仮の行為という発想がある。そのため「いちおう」には、〝その必要はないがやってみるのだ〟〝もし具合いが悪ければ、取り止めてもよい／再度やり直してもよい／あとで本格的にやればよい〟等の含みが生じる。⇩いちおう（四八頁）

なかなか　副詞

人・物・事柄などが示す状態に対し、その度合いが相当なものであると受け止める気持ちを表す。

分析1　「なかなか」ととらえる心の裏には、〝かんたんにはそのような状態に達しない〟という意識がある。それが、あまり例を見ないほど際立った状態「なかなかの人物」「なかなかしゃれたネクタイ」、予想を超える高い程度「なかなか迫力があるね」「なかなかの人気」、実現実行の困難さ「なかなかむずかしい」「なかなか手に入らぬ品」「堅くてなかなか噛《か》めない」、実現までに時間がかかる様子「バスはなかなか来ない」「なかなか雨が降って来ない」「まだなかなかだ」などの意味に分化する。右のように「なかなか」は〝そうなることが困難なほどの状態〟ゆえ、世間に例があまりない場合や、そうなることに異常な努力がいる場合に限られる（多くはプラス評価の場合。極大の場合）。ややもすればそうなりがちな世間に多く見られる一般的状態や、簡単にそれができる場合（多くはマイナス評価の場合。極小の場合）には付きにくい。「なかなか」はただの程度強調ではない。「なかなか利口だ」は言えても、「なかなかばかだ」とは言いにくい。同様に、「なかなか早い」「なかなか美しい」が普通に言えても、「なかなか遅い」「なかなかゆっくりだ」とか、「なかなか醜い」「なかなかみっともない」などは、特別な状況が設定されないかぎり言わないであろう。「なかなか重い」「なかなか広い」に対して、「軽い」や「狭い」も同じ理由から「なかなか」が使われにくい。「なかなか暑い／寒い」などはどちらも言える数少ない例である。

分析2　文型と意味から次の四種に分けることができる。

①「なかなかの＋名詞」形式

なかなかの……政治家だ／勉強家だ／ちゃっかり屋だ／難物だ／つわものだ／美人だ／シャンだ／古狸だ／強敵だ／大事件／ご馳走《ちそう》／人物

特色、カラー、癖などを含まぬ無色の名詞を続けると不自然になる。「なかなかの大都市だ」はよいが、「なかなかの都市だ」では、都市のどの面を取り立てて「なかなか」と言っているのか、はっきりしなくなる。〝その人物・事物の呈する状態が、それの特色やカラーを色濃く現している、その面でのスケールが大きい〟という気持ちであるから、名詞の中に特色やカラーに当たる要素が含まれていなければならない。「なかなかの美人だ」には〝美しい人〟という形容詞的要素がすでに入っている（「なかなかの人」では意味をなさない)。「政治家だ」も〝政略に富んだ〟という修飾要素が含まれている。その要素を取り立てて、なかなかの程度だと言っているのである。その点「かなりの人だ」「相当の人だ」という「かなり/相当」とは性格が違う。

②「なかなか+名詞だ/形容詞/形容動詞/動詞ている」形式

「なかなか傑作だ」「なかなか素敵な方よ」「これはなかなかみごとな焼き物だ」「なかなか盛大な式典」「なかなか乙な味がするね」「二人はなかなか仲がいい」「うん、なかなかうまい」「なかなかむずかしい問題だね」「なかなか注意が行き届いている」「今日はなかなかいい天気だ」「なかなか優れている」「なかなか骨が折れる」「文化もなかなか進んでいる」「なかなか気が利いているじゃないか」

名詞に係る例は、①の「なかなかの」の「の」が落ちた形と見られる。「なかなかの美人→なかなか美人だ」したがって、無色の名詞は「なかなか」の後に立ちにくい。「なかなか天気だ」とはならない。「なかなか好天だ/なかなかいい天気だ」のようにプラス評価の要素を加える必要がある。その人物・事物の呈する状態の程度や水準、スケールなどが高く大きい様を表している。動詞が立つ場合も、状態の動詞か、「なかなか世話が焼ける」のような状態を叙している文の場合である。

③「なかなか+動詞+ない」形式

「仕事がなかなかはかどらない」「病気がなかなか治らない」「電車がなかなか来ないわね

え」「日本ではなかなか買えない品」「近ごろはせちがらくて、なかなか値段を引いてくれません」「むずかしい文章なので、辞書を引いてもなかなか読めません」「頼んでもなかなか許してくれない」

動詞が否定形をとることによって、動作性から〝……しない／……できない／……とはならない〟という状態性に変わる。そうなることがなかなか起こらない状態だというのである。〝その動詞の表す事柄の実現にはまだかなりの時間がかかる〟つまり〝実現にはかなり困難が伴う〟のである。初めから実現している状態——形容詞や形容動詞——はこの文型を使うことができない。「なかなか熱くない」とか「なかなかよくない」などは正しい日本語とは認め難い。

④ 述語「なかなかだ」形式

「もう終わる？／まだ、なかなかよ」「出来上がるのはまだなかなかだ」

実現までには現時点からまだかなりの時間があることを表す点で、共通の発想と言っていい。

のばす〔伸ばす　延ばす〕他動詞

それまでの状態やレベルを、プラスの方向（増大、進展）へと引っ張り、引き上げる。

プラスの方向へと変動するよう行為や作用を加える。その結果、対象の状態に変化が生じ、プラス方向へと移行したら「のびる」。逆方向（マイナス方向）へと移り行かせる行為・作用は「縮める」。その結果、対象の状態がマイナス方向へと移行したら「縮まる／縮む」である。「のばす／のびる」に対して「縮める／縮まる、縮む」と〝のびちぢみ〟の体系を形成するが、意味的には完全な対応を示さない。

分析 「のばす／のびる」は、対象や主体の性質からプラス方向への状況変化にも差異が生ずる。

1 物主体の場合

(1)二点間の距離的隔たりを増大させる場合、および面積を増大させる場合「Cヲのばす／Cガのびる」

〈物の長さ〉髪、ひげ、草、木、身長、背たけ、ゴム、紐《ひも》、バネ、水あめ……がのびる／をのばす。

「早く食べないと、うどんがのびてしまうよ」「ゴム紐がのびてしまって効かない」「夏の暑いときはレールが少しのびる」「地下鉄の路線をのばす」「『告』の字の縦棒を下までのばしてはいけない」「鼻の下をのばす」「凧《たこ》の糸を継ぎ足してのばす」「品川《しながわ》止まりを東京までのばす」

〈間隔〉「先頭ランナーと二位との間がしだいにのびてきた」

〈面積〉「障子紙は霧吹きで水を掛けると、のびるものだ」「巻紙を広げてのばす」「写真をひきのばす」

長さが縦横両方向に同時にのびれば面積の広がりとなるのであるから、長さ（一次元）も面積（二次元）も「のびる／のばす」は結局のところ同じである。のばし方、のび方には次の種類がある。

(ア)、生物もしくは生物の部分であるため、成育に従って長く大きくなる変化（草、木、身長、髪、ひげ、爪）。他動詞「のばす」は、「カットしないで髪をのばす」のように、その物の伸びることを許容もしくは放任することであるが、まれに「養毛剤で早く髪を伸ばそう」のような例も見られる。

(イ)、その物自体が伸縮性を持っていて、中心線の延長方向に力を加えることによって長くなったり（ゴム紐、バネ）、粘性を持っていて変形したり（水あめ、納豆の糸）、温度差、水分、湿度などによって物理的な変化を生じたり（真夏にレールが伸びたり、障子紙が湿気を含んでのびたりすること）、また、伸縮性があるため力が加わって広がったり（ゴム風船）、いろいろな場合が見られる。「のばす」は、その物がのびるよう直接、力や物理的作用を加える行為である。

(ウ)、のびた結果、その物は長く（または広く、大きく）なってしまっているという状態性を表す場合。「うどんが伸びてしまう」「ゴム紐が伸びて効かない」など。これは自動詞

「のびる」にのみ見られる意味。他動詞「のばす」にはこの用法がない。

(エ)、長さや広さが不足するところから、継ぎ足していくこと。「紐をつないで延ばす」「路線を延ばす」「プラットホームを上り方向に二十メートル延ばす」「二間《ふたま》建て増して母屋を東にのばす」

(オ)、折り畳まれたものを広げていくこと。結果的にその物は長くなったり広くなったり、大きくなったりする。

「コードを遠くのコンセントまで伸ばす」「アンテナを伸ばす」「体を伸ばす」「足を伸ばしたい」「羽を伸ばす」「三脚を伸ばして立てる」「首を伸ばす」「千円札のしわを伸ばす」

体をのばした状態になってしまうことは、疲れたり、衝撃を加えられたりして、ぐったりしてしまうことである。そこから「二日徹夜してのびてしまった」「一発でのびた」「あんな奴のばしちゃえ」のような比喩《ひゆ》的な言い方を生む。俗語である。

(カ)、縮尺を大きくとって拡大すること。「写真を伸ばす」「手札型では小さすぎるから、もっと大きく伸ばしてください」

(2)半練り状の物（絵の具、クリーム、水白粉《みずおしろい》、ペンキなど）に水、油、薬品などの液体を加え薄めること。

「CヲDデのばす／CガDデのびる」

体積を増大させることであるが、各粒子間の隔たりを大きくして、その物の濃度を下げながら拡張していくのであるから、発想の点では(1)と同じことである。「カレールーは、小麦粉や牛乳を足し、熱を加えながらゆっくり延ばします」「この糊《のり》は濃すぎるからお湯でのばしましょう」「堅くなったペンキは水ではのびない。シンナーを入れてのばすといい」「水で延びる水溶性塗料」

2 時間主体の場合

(1)時間の長さや隔たりを増大させる場合「Cヲ……マデ延ばす／Cガ……マデ延びる」「Cヲ数詞・延ばす／Cガ数詞・延びる」

〈所要時間の長さ〉時間的延長である。期間・時間を長くすること、長くなること。距離の場合と本質的には変わらない。

「議論はまだまだ終わりそうもない。会議の時間をあと一時間のばしましょう」「春になって日がのびたから助かります」「だいぶ昼間がのびてきたね」「まだ解答してない問題がたくさんあります。試験時間をのばしてください／では、あと十分のばしましょう」

〈間隔〉「時刻表の改正で待ち時間が五分のびた」「間《ま》がのびる」

(2)統計的数値が変化する

「寿命が延びる」「平均年齢が延びた」

ある事実が時の経過につれてプラス方向へと変化していくことで、時間的長さの増大ではあるが、人為的延長ではなく、自然的伸長である。これは次の3に通ずる。

(3)何かを行う時刻・時期を先へとずらす「Cヲ……ニ延ばす／Cガ……ニ延びる」

「帰国、出発、開始、開会、期限、締め切り日、受付け、予定、決定、日どり、期日、返事、回答……を延ばす／が延びる」

〃延期〃である。「いつまでも返事を延ばすわけにはいかない」「卒業は来年に延ばします」「結婚を延ばす」「先へ延ばす」

③事柄主体の場合

その事柄の規模やレベルを今までより引き上げること。

力を高め、効果や影響などの及ぶ範囲を広げること。時間的に見た結果の変遷で、その規模やレベルが上向きに進んでいること。

「力、勢力、国力、権力、学力、能力、才能、交通量、売り上げ高、販路、記録……を伸ばす／が伸びる」

曲線・折線グラフで言えば、線が上昇していることである。逆の下降している状態（下向きに伸びていること）は「落ちる」である。「最近、光学器機の輸出量が伸びている」「もっと学力を伸ばしたい」「あの生徒はまだまだ伸びる将来性のある子だ」

関連語　**ちぢめる　ちぢまる　ちぢむ**

事物の広さ、長さ、時間的長さをマイナス方向へと減らすこと。また、減少すること。

のばす
のびる
縮める
縮まる
縮む
縮れる

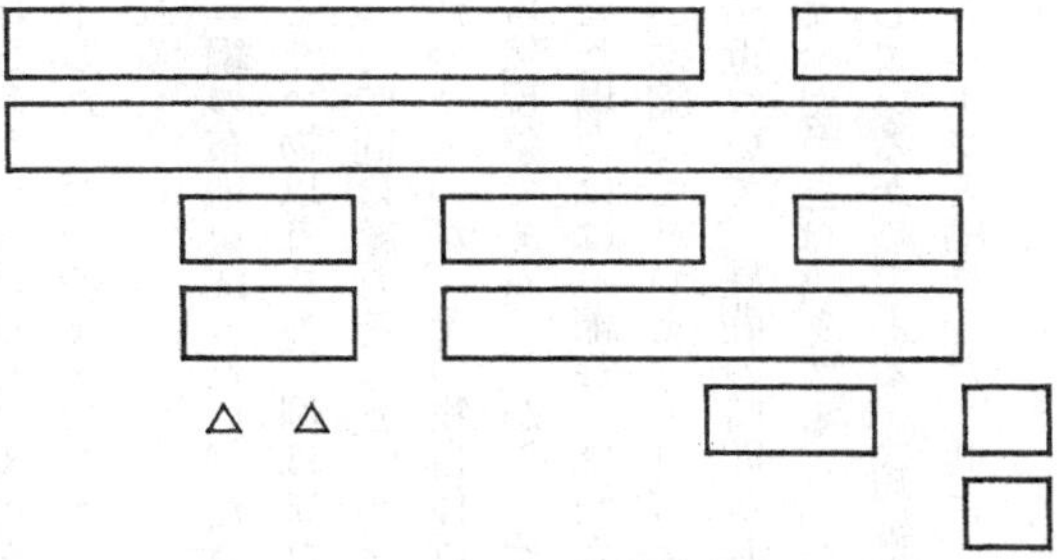

△印は特殊な用法

木の葉が霜で～だ。
枝が(を)～。
バネが(を)～。
布地が～てしまった。
繋いで(切って)紐を(が)～。
三脚を(が)～。
写真を(が)～。
絵の具を(が)～。
時間を(が)三十分～。
寿命を(が)～。
予定日を(が)～。
学力を(が)～。

「のばす／のびる」と対義関係にあるが、それより用法は遥《はる》かに狭い。

「縮める／縮まる」は、具体的な事物の長さ、距離、間隔、面積、それに時間的な長さに用いられ、「縮む」は物の長さ、面積について言うのが一般である。時間や事柄には特殊な場合と慣用的用法を除いて「縮む」は用いない（たとえば、天文学の分野では時間が縮むということはあり得るが）。

「縮める」は、意志的行為、「縮む」は作用や現象としての結果である。「バネを伸ばしたり縮めたりする／バネが伸びたり縮んだりする」のように、外力によって伸ばされた（＝伸びた）ものが再び弾性で元の状態に戻る作用や、「大きかった大根も日に干したらだいぶ縮んでしまった」のように自然現象として小さくなっていくことに用いられる。

「絹の布地を洗ったら、だいぶ縮んでしまった」「レールだって冬になれば多少は縮むだろう」物以外にも、例はまれではあるが「相対性理論によれば、スピードを持つことによって時間は縮むそうだ」のような言い方も可能となる。「縮む」は、ある長さや広がりを持ったものが、その物自体は減らないで、見かけの長さや広さ、大きさだけが小さくなる自然現象である。だから、そのものの一部をカットしたり取り除いたりして小さく短くさせた場合には「縮む」は使えない。ロングスカートの裾《すそ》を切り落として短くした場合「だいぶ縮んだわねえ」とは言えない。これは意志的行為の結果であるが、自然現象でも、冬が近づいて、昼間の時間がしだいに夜に食われて短くなっていく場合には「だいぶ昼が縮まった」とは言えても、「昼が縮んだ」とは言えない。昼の時間がカットされて夜に移行しているからである。「短縮授業で授業時間が縮まった」「試験範囲が三十ページから二十五ページと縮まった」共に、一部切り捨てられて短くなったのであるから「縮まる」である。

「縮む」は、その物自体は減量せずに見かけが小さくなることである。この世の中でそのような自然現象はだいたい物に現れるから、「縮む」は物主体のときに用いられる。しかも、無意志的な現象ゆえ、比喩的に人間に対して「身の縮む思い」「こわくて足が縮んでしまい、一歩も歩けなかった」「命が縮むほどの驚き」「先生に一喝されて生徒たちは縮み上がった」のように用いられる。〝自己の意志でどうにもコントロールできない状態〟を「縮む」で表している。

「縮む」が、その物が減量せずに短く、狭く、小さくなる現象ゆえ、全体積が減少しなくても、折れ曲がったり、しわが寄ったりすることによって、見かけの長さ大きさが縮小することにも使用される。

「今朝の霜で木の葉はすっかり縮み上がってしまった」「くしゃくしゃに縮んだ紙」

他動		のばす
自動	のびる	
自動	縮む	縮まる
他動		縮める

「縮れる」も用いるが、「縮れる」は多く「縮れた髪」「縮れ毛」のように、糸状の物が細かく波打っている状態に用いる。「縮む」は長さや大きさが自然と小さくなる現象を、「縮れる」はしわが寄ったり、糸状の物がS字状に細かく波打つ状態を強調した動詞。

「縮まる」は自然現象にも意志的行為にも用いられる。物にも、時間にも、事柄にも用いることができる。

自動詞「のびる／縮む／縮まる」は、長⇅短、広⇅狭、大⇅小の外形的変化（作用）を表すだけでなく、そのような変化の可能性（状態）も表している。この場合も、「のびる／縮む」の対応は自然現象しか表さないから、〝伸びたり縮んだりする性質をその主体が属性として持っている〟の意となる。「乾《ほし》ワカメは水に浸《つ》けると伸びます」「絹は洗うと縮む性質がある」

一方、「のびる／縮まる」の対応は人為的行為も表すから、〝そのつもりでやれば、伸ばしたり縮めたりすることができる〟実現の可能性の意となる。

「力を入れれば、このバネはもっと伸びますよ」「もうこれ以上伸びない」（＝伸ばすのは無理だ／伸ばすことはできない）、「この原稿は長すぎます。もう少し縮まりますか／五ページぐらいなら縮まります／じゃ、縮めてください」「いくら圧縮してもこれ以上は縮まりません」「最高速度で走っても、先行ランナーとの開きは縮まらない」「空気は比較的縮まるが、油や水は縮まらない」

のばす／縮める……「文章を～」「三脚を～」「足を～」「写真を～」

のばす／のびる……「ひげを～／ひげが～」「学力を～／学力が～」「開始時間を～／開始時間が～」

のびる／縮まる……「時間が～」「命が～」「巻尺は～」「綿は～」

縮まる／縮める……「差が～／差を～」「間隔が～／間隔を～」「予定の期間が～／予定の期間を～」「スカートの長さが～／スカートの長さを～」

のびる／縮む……「バネが～」「ゴムが～」「レールが～」「皮革は～」

はじまる〔始まる〕自動詞

新しい事柄・状態が起こり、その状態に移る。意志的にそのような事態を起こし、その事態に移っていけば「始める」である。継続的な行為・現象・状態などの〝起こり〟のほうが「始まる」なら、〝しまい〟のほうは「終わる」である。

分析1 「始まる／始める」事柄は継続性の行為・作用・状態である。地震のような瞬間性の現象に「始まる」を使うと、揺れの繰り返しが時間的に継続するという特殊な状況（反復動作）になってしまう。この点が「起こる／起こす」との決定的な違い。「阿蘇山《あそざん》が噴火を起こす」「噴火が起こる」「発作が起こる」「例の発作を起こす」などは、「始まる」も可能な文脈だが、「噴火が始まる」は〝継続現象の開始〟を表し、「起こる」は、今までなかった事態、ないしは一時潜んで現れなかった事態が突如生じる〝発生現象〟を表す。したがって「始まる」は、

「噴火は三日に始まって十日ごろ終わった」「三日に始まって一週間ほど続いた」と、「終わる／続く」と対応させて表現できるが、「起こる」は瞬間性の現象なので、「三日に起こって十日ごろ終わる」では落ち着きが悪い。「三日に始まって、その後一週間経った」は、その後も引き続いて噴火していることである。「三日に起こって、その後一週

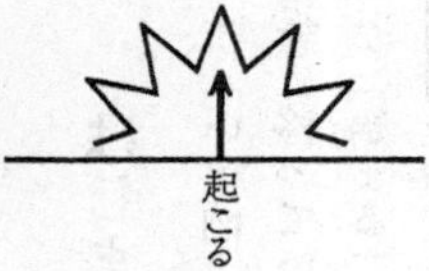

間経った」では、その後の一週間は平静で休眠状態である。

「起こる／興る」は〝発生〟という瞬間作用なので、

「欲望が起こる」「静電気が起こる」「調印に反対する空気が起こる」「事件が起こる」「事故が起こる」「面倒な問題が起こる」「国が興る」

等の言い方が成り立つが、これらは継続性ではないから（国家の場合は別として）「始まる／始める」に置き換えることはできない。逆に継続性の事柄

「授業が始まる」「会議が始まる」「夏休みが始まる」「試験が始まる」「学校が始まる」

など、予期し予想しうる平常の人為的行事や行為は「起こる」に置き換えられない。突発的な事柄なら、継続性のことでも、

「戦争が始まる／起こる」「いつもの癖が始まる／起こる」「些細《ささい》なことからけんかが始まる／起こる」

と、「起こる」が使える。「起こる」は瞬間的な発生意識なので、瞬間現象にも、突発的継続現象の発生にも使用できるのである。

分析2 「始まる／始める」を文型から分類すると、次のようになる。

①「……（日時）……ニカラ……ガ始まる／……（日時）……ニカラ……ヲ

始める」

継続行為・現象の開始である。「……（日時）……マデ続く」「……（日時）……ニ終わる」が設定できる事柄が内容として立つ。「会議は一時に始まって三時に終わります」「試合は夜の八時から始まる」「宴会は夕方六時から始まって十時ごろまで続いた」「大学生活は入学式から始まります」「式典は君が代斉唱に始まる」

②「……ハ……（原因）……カラ/ニ始まる」

「些細なことから争いが始まった」「文明開化は明治維新に始まる」「この喧嘩《けんか》は、食べ物の多い少ないから始まったことだ」「AハBカラ/ニ始まる」文型を取って、〝Bがもとになって Aが起こる〟〝AはBを起源とする〟の意を表す。

③「……ガ始まる」

「彼の自慢がまた始まった」「いつもの癖が始まった」。〝生じる〟こと。特に、継続時間や発生動機を問題としない。

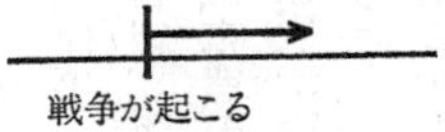

関連語　**おわる　おえる**

「始まる／始める」に対して、行為・作用・状態が「あがること、あげること」は「終わる／終える」である。継続する事柄・期間を「が」格、「を」格に立てて、「仕事、授業、講義、練習、夏休み、戦争、一年、高校生活、一生、連載小説、話、映画、番組、試合、食事……が終わる／を終える」

「車窓の風景は、町が終わって畑に変わる」「江戸時代が終わって明治のご時世になる」「第二次大戦が終わる」「軍閥の支配が終わる」「長い冬が終わる」「月面探査の旅を終える」

「これで私の話を終わります／終えます」のように、他動詞には両形が見られるが、〝意志的に終了させる〟気持ちが強いときは「終える」が用いられる。「いやな宿題などは早く終えたい」で、「終わりたい」は用いない。「終わらせたい」と「せる」を付けて他動化している。

関連語 やめる

「終える」は完了意識である。既定の課題・課程を全部済ませること。だから、「練習を途中で終える」「食事中に地震が起こったので、あわてて食事を終えて外に飛び出した」などはおかしい。「食事を終えて」は〝全部食べ終わる〟こと。半分食べかけで席を立つ場合は「やめる」を用いる。

「練習を途中でやめて帰る」「いやならやめてもかまわない」「こんな悪さはもうやめよ

う」「今日の映画はつまらないから、終わりまで見ないでやめちゃった」「一度口にすると、もうやめられない」「注射がやめられない麻薬中毒」

「やめる」は、続いていた行為を意志的に止める行為であって、「よす」に近いが、行為を止めて、その行為の場から離れ去る意が伴う。「終える」のような、行為の内容を完結させる意識はない。したがって「会社をやめる」「委員長をやめる」は、「終える／終わる」には換えられないし、逆に「長い一生を終える」「任期を終える」のような無意志的「終える」は、「やめる／よす」では言い換えられない。

「やめる」は、まだ行われていない行為、始めていない行為にすら用いることができる。「あの山は危険だから、登るのはやめたほうがいい」「台風が近づいているので、旅行はやめるべきだ」「父が退職したので、息子は大学へ行くのをやめた」

計画の中止である。その事柄は実行以前であるが、〝行為の中止〟という点では「やめる／よす」の発想に合致する。完了ではなく、未然の実行中止である。もちろん「終える」にはこの用法はない。

－はやく　〔早く〕造語要素（形容詞的）

「朝早く」のように時の名詞に付いて、その時間帯の中の比較的前の方をさす。逆に、かなり経過したころあいをさすときには「-遅く」を付ける。独立して「はやく来い来いお正月」（『幼稚園唱歌』東《ひがし》くめ「お正月」）のように用いれば形容詞である。逆の「遅く」は「できるだけ遅く来てください」のように修飾語が付けば用いられるが、それのみで「遅く来てください」と言うことはあまりない。

分析1 「-早く／-遅く」の比較的よく付く語に次のものがある。

朝、けさ、明朝、あすの朝、あした、明日、いつも……早く

午後、夜、今夜、昨夜、きょう、きのう、昨日、いつも……遅く

「あした早く出かける／あした早くに出かける」のように「早くに」の形の併用される例もみられるが、若い年齢層はだいたい「に」の付かない形を用いる傾向にある。

「朝早くから夜遅くまで」と言えば「早く／遅く」は前の時の名詞に複合して一語化しているが、「夜、遅く寝る／朝、早く起きる」と言えば、前の名詞とは切り離された、後続の動詞（寝る／起きる）に係る連用修飾の働きをもつ独立した形容詞となる。したがって「夜、遅く寝る／夜、早く寝る」「朝、早く起きる／朝、遅く起きる」と「早く／遅く」どちらにも入れ替えられる自由な組み合わせが可能である。これは文法レベルの問題だからである。一方「朝早くから夜遅くまで」と言えば、〝早朝から深夜まで〟という意の複合した一つの語を構成してしまい、「朝」は「早く」と、「夜」は「遅く」と組み合わさるのであって、決して「朝遅くから夜早くまで」とはならない。語構成という語彙《ごい》レベルの問

題であるから、自由な組み合わせは許されないのである。したがって「朝遅く目覚める」となると、「朝、遅く目覚める」の形容詞用法に決まっているが、「朝早く目覚める」は語形の固定した副詞であって、活用形をもたない。なお、「朝早く」は〝早朝〟であるが、「朝、早く……」は早朝とは限らない。〝当人の普段の起床時間よりも早く〟〝他の人よりも早く〟など、相対的な早さとなってしまう。「今日はいつもより朝早く目が覚めた」「弟より朝早く起きた」は絶対的な早さ〝早朝〟とは限らない。〝早朝〟の意の「朝早く」には、この比較表現がない。

分析2　形容詞用法も含めて「－早く／－遅く」の付きうる語をみると、いずれも時間幅をもった時間帯名詞である。「朝早くから夜遅くまで」（〜から〜まで）の言い方ができることからもわかるように、一定の時間帯のなかの、その状態になってまもない部分（－早く）と、かなりの時間を経過したころあい（－遅く）とを対比的にとらえた語である。「夜遅く帰ってきた」と言っても、決して夜の終了間際（夜明け直前）に帰ってきたわけではない。十時、十一時、十二時といった〝夜中〟をさす。「宵の口」に対する「夜中」が「夜遅く」である。このように、先行する時の名詞の表す時間幅の初めの部分が「－早く」、なかばに近いころが「－遅く」である。

初期の段階「－早く」には助詞「から」が、進んだ段階「－遅く」には「まで」が続くのが自然である。「夜遅くから朝早くまで」とか、「あした早くまで」「きのう遅くから」とはならない。「きのう遅く」と言えば「まで」に決まっている。

分析3　「-早く／-遅く」の付く先行名詞には明らかな使い分けがある。同じ〝日〟を単位とした名詞でも、「-早く」は朝をさす語「けさ、明朝」か未来の日をさす「あした」などに付き、「-遅く」は夜をさす語「今夜、昨夜」か過去の日をさす「きのう」などに付く。「午後遅く」も夜をさす点では全く同じである。このように「-早く」は朝、「-遅く」は夜に限られ、発話の当日を中心に未来と過去とに使い分けている点に注意したい。「あした早く（に）電話する」とは言えても、「あした遅く（に）電話する」とは言わない。また、「きのう遅く（に）電話があった」は自然だが、「きのう早く（に）電話があった」とは、これまた言わない。未来のことはこれから始まる日であるから開始時の「早く」が問題となり、過去のことはすんだ日の話であるから〝いつごろまでだったか〟の「遅く」が問題となるものと思われる。「早く」を過去のことに、「遅く」を未来のことに使いたければ、「きのうの朝早く地震があった」「あしたは夜遅くまで仕事がある」のように、「きのう」や「あした」を「-早く／-遅く」から切り離して、修飾語や主語として用いればよい。

ひ〔日〕名詞

日は太陽のことである。太陽は地球上の人間からみれば、朝出て、夜沈む。つまり人間生活のリズムの基準となる基本のものであるところから、さまざまの派生義を生んだ。

分析 1 太陽をさす「日」

(1)太陽を表す

「菜の花や月は東に日は西に」(与謝蕪村《よさぶそん》)

日は月と並称され、原始の時代からわれわれ人類にとって無くてはならぬ絶対的な存在であった。日は「お日様」と敬愛され「朝日／夕日」「日の出／日の入り」と時間や状態によって種々の複合語を造った。そういえば、日本の国は「日出《い》づる国」であり、国旗は「日の丸」である。「日」と組む動詞には

日が……出る、昇る、傾く、沈む、落ちる、隠れる

などがある。「陽《ひ》はまた昇る」(ヘミングウェイ)、「砂漠に日が落ちて夜となるころ」(堀《ほり》内敬三《うちけいぞう》「アラビアの唄《うた》」)

また、太陽は空を東から西へと動くところから「脚」にたとえて「日脚が移る／延びる／遅い／早い」などの言い方も造る。

(2)日光を表す

「夜の目も寝ずに、日の目も見ずに看病する」

「日の目」とは〝太陽の光〟である。太陽はわれわれに光を投げかけ、恵みを与える。太陽の目（生命力の根源）を〝光〟と考え、日を〝光〟ととらえたのは、至って自然なことであった。

「日が差す／強い／弱い」「日にさらす」「日に当てる」「日の当たる坂道」「日に焼けて皮膚が真っ黒だ」「日当たり、日なた、日蔭《ひかげ》、日焼け、日傘、日照りつづき」「日ざしが強い」「日干し煉瓦《れんが》」

② 時間帯としての「日」

(1) 一日を指す場合

地球人、特に古代人にとって太陽は、自分らを含めたこの世を生み出し支配する絶対的な存在であった。人間は太陽を基準に物事を考え、生活を律していった。太陽が朝昇り夕方沈むまでの明るい時間は働き、太陽のない暗い間は休んだ。要するに、太陽に合わせて生活した。太陽が姿を現し、隠れて、また次に姿を現すまでの周期的な繰り返しの時間を「日」とよぶのも、自分らの生活の時間単位を太陽の運行に合わせたからにほかならない（一日を地球の自転で説明するのは近代科学発生後のことである。古代人にとっては、あくまで天空上の太陽の動きとしてしか考えられなかった）。現代風にいえば、午前零時から翌日の零時までの二十四時間が一つの「日」である。それを「いちにち、ふつか、みっか……」と数えるのは、やはりこの「日」を単位とした数え方によっている。「みっか、よっか……」の「か」は「日」の和訓（「け」の古い形）で、日数をかぞえる助数詞である。

「日」は現代語では、ある特定の一日、一日間、さらに日数の意で用いられる。

a、特定の一日をさす場合

「出発の日が決まったら、お知らせします」「日によっては家にいないこともある」「出国の日が迫る」「今日は仏滅で日が悪い」「よいお日柄《ひがら》で」「日を選んで挙式する」「結婚の日どり」「あいにく日が重なる」

「晴の日、雨の日、風の日、雪の日」「誕生日、登校日、記念日、建国の日、文化の日」

b、一日間をさす場合

「日帰りの旅行」「その日のうちに開票結果がわかる」「日付け変更線」「日掛け貯金」「日めくりのカレンダー」「日に日に回復する」（一日一日と回復する）

c、日数を表す場合

「レポートを提出するまでにもう日がない」「日数《ひかず》を指折り数える」「日ならずしてなくなった」「日数計算」

d、不特定の日をさす場合

「ある日せっせと野良《のら》かせぎ」（北原白秋「待ちぼうけ」）と言うとき、この「ある日」は不特定の一日をさす。bのように一日間、つまり二十四時間の範囲を表しているのではない。この用法が進むと「ありし日の姿」（生前のころ）、「鐘のおとに　胸ふたぎ　色かへて　涙ぐむ　過ぎし日の　おもひでや」（ポオル・ヴェルレエヌ、上田敏《うえだびん》訳「落葉」）のような、過去の、繰り返される日の姿として、漠然と〝そのころ、時、時代〟の日々を表すようになる。現在の繰り返される日の連続を表すには「悲しみの日日《ひび》」のように、日を重ねて用いる。これも「日」の複数というよりも、〝ずっと続く毎日〟期間としての〝日の連続〟というぼかした言い方である。「悲しみの日々が続く」「当時は悲しみの日々であった」と現在にも過去にも使える。

e、実現した場合を仮想する日

「これが仮に実現した日には、世の中は一体どんなに便利になることだろうか」「彼が当選した日には、それこそ綱紀粛正などあったものではないだろう」

〝……した場合には〟〝……したら〟という仮想した状況が実現した時を表す。特定の一日ではなく、特定の状況が成立した日々をいう。この用法がさらに進むと、

f、単に話題として事物を取り上げるときの慣用的な言い方となる。

「彼ときた日には、酒と聞くと目がなくてね」「かけごとときた日には、それこそ何でもござれだ」

〝その話題を考えたときには、直ちに思いつくことは〟〝その対象を取り上げた場合には

必ず〝という〝時〟や〝場合〟をさすわけであるが、もはや時間概念は含まれていないとみていいだろう。「……たら」にほぼ相当する。

以上のように、特定の一日ないしは一日間、日数、日々、折、場合として「日」を用いるが、本来は「ひ」（日）は「よ」（夜）に対応する概念であった。なお、接尾語「‐る」の付いた「ひる」（昼）は「よる」（夜）と対応している。

(2)昼間をさす場合

「この子がいなければ夜《よ》も日《ひ》も明けない」「夜《よ》を日《ひ》に継いで馳《は》せ参じる」のように、「ひ」は「よ」と対をなす語であった。太陽が隠れた暗い間が「よ」で、太陽の見える明るい間が「ひ」である。

「春が過ぎて、日が長くなったので助かります」「秋も深まり、だいぶ日が短くなってきた」「日暮れて道遠し」（年を取ったが、人生の目標はまだまだ達し難いの意）「春の日長／秋の夜長」

日が終わって暗くなることを「日が暮れる」（日暮れ）、夜が終わって明るくなることを「夜《よ》が明ける」という。「暮れる」は〝暗くなる〟で「日」（明るい時間）に付き、「夜が暮れる／日が明ける」とはいわない。

接尾語「‐る」を伴って「ひる」（昼）「よる」（夜）の対応も造る。「夜も昼もあったものではない」「昼と夜とを取り違える」「よるひる休まず働く」（昼夜兼行、絶えず）など。

(1)

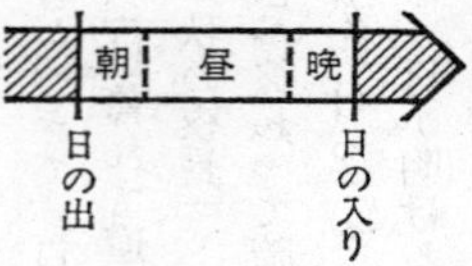

(2)

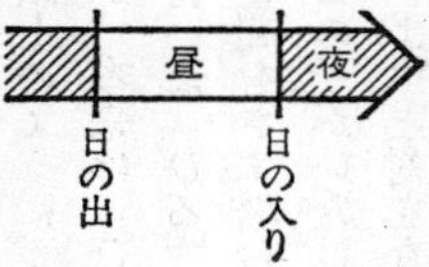

「ひる」は日の出から日の入りまでの間、つまり「ひ」に当たるわけであるが、現代語ではむしろ「ひ」のうち、初めと終わりに近い部分、つまり「朝・夕」を除いた太陽の高く上がっている間を「ひる」と考えることが多い。「昼間」である。なお、その中間点である正午に限定して「昼」ということもある。「昼間」「残った仕事は昼からにしょう」「昼過ぎ」「もうぼつぼつ昼になる」などの「昼」で、さらに正午の食事〝昼食〟をさすようになる。「昼はもうすんだの？」「お昼」「昼は学校ですませた」「お昼どき」など。

関連語　ひる

「昼」は、(1)「朝・昼・晩」の対応で、夜を除く一日を区分したときの中間帯である。空に日のある時間の初め（朝）と終わり（晩、または夕）を除いた部分であるが、これとは別に、(2)朝晩を含めて日の出から日の入りまでの間を「昼」とみる場合もある。これは「夜・昼」の対応における「昼」である。

昼を(1)(2)どちらに解するにせよ、かなり漠然とした長い時間帯である。特に、朝晩（もしくは朝夕）と昼との境目はあいまいである。

「昼」には「お」が付いて「お昼」ともいう。これは、(3)〃正午〃もしくは〃昼の食事〃をさす。午前十二時という限定された時点であって、朝・晩に挟まれた時間帯ではない。(1)(2)の「昼」は決して「お昼」とはいわない。(3)は「お」を取った形「昼」でも使われる。「昼電話します／お昼に電話します」

同じ「昼」でありながら、前者は「に」を必要とせず、後者は必要とする。格助詞「に」は〃いつ〃と時を指定する働きがあるため、漠然とした時間帯の「昼」(1)(2)には付かず、具体的に時点を限定する「昼」(3)に付くのである。「五時二十分に」とか「正午に」「月曜日に」と、「に」の付く言い方はいずれも具体的な日時の指定である。「に」を付けて用いられるところから考えても「お昼に」は「正午に」と同じであると言えよう。

ひごろ〔日ごろ〕名詞

特別のときだけに限らず、毎日毎日の平常。「日ごろは／日ごろの」と名詞として働くほか、用言に直接係る副詞的用法ももつ。

分析 (1)名詞としての用法

「日ごろはさしてまじめとも思われなかった男が、卒業の日が近づいたら、急に人が変わったようにまじめになった」「日ごろの成果を競い合う校内体育大会」「人間何事も日ごろの行いが大切だ」「日ごろの勉強が入試という関門で問われるわけだ」「日ごろから気をつけて見ていたのだが、やはり才能はいつかは芽を出すものだね」「日ごろの心がけ」「日ごろの恨みをはらす」「やっと日ごろの落ち着きを取り戻す」

「常日ごろ」の熟語も造る。

(2)副詞的な用法

「日ごろ静かだった町も、がぜんゴールドラッシュに活況を呈してきた」「日ごろ考えていたことが現実となった」「日ごろ希望していたとおりに世の中が動く」「日ごろ見掛けない人が家にやってきた」「日ごろ心掛けて集めた数多くのコレクション」

関連語 へいぜい へいそ

「平生」「平素」ともに〝日ごろ〟〝ふだん〟の意味で用いられるが、かなり改まった表現(たとえば手紙文など)の中で使われる語である。

「どのような非常事態が発生しても、平生と変わりなく行動せよ」「平生の訓練がいざという際の判断力と冷静さとを養うものだ」「平生の養生がよかったようだ。持病があるにもかかわらず、あれだけの長生きができたのだから」

変わらざるいつもの日々を表す。

「平素は格別のご愛顧を賜り、感謝これに過ぎるものはございません」「人間だれしも平素の心掛けが肝心だ」「平素から油断怠りなく質素を旨として日を送る」「平素からの訓練が実を結ぶ」

毎日毎日の日常をさす。

ひとまず　副詞

今後のことはどうなるかどうするかまだわからないが、いちおう現在の状態や行為をさし当たってのこととして認めるとき用いる。⇩いちおう（四八頁）、とりあえず（一二九頁）、さしあたり（八三頁）

分析 状態性「ひとまず……だ／……らしい」動作性「ひとまず……しよう／する／……つもりだ／……するべきだ／……するらしい／……するようだ／……するそうだ」等、推量・意志で受けることが比較的多い。

「これでひとまず安心だ」「ひとまず田舎へ引っ込んで、また出直そう」「注射が効いたらしく、病人はひとまずは落ち着いたようだ」「ひとまず宿に落ち着いて、それからどこかへ散歩にでも出掛けるとしよう」「判定が下った以上、ひとまずそれに従うべきだ」「梅雨《つゆ》はひとまず中休みというところか」「ひとまずのところはホテルに宿を取って、家捜しはゆっくり時間を掛けてやった方がよい」「無効試合につき、チャンピオンベルトはひとまずコミッショナー預かりということになった」

「いちおう」と違って、後で正式にやることを予定した仮のことという意識はない。後のことはどうなるかその時点では不明で、ただ現状に対する妥当な判断を下しているにすぎない。

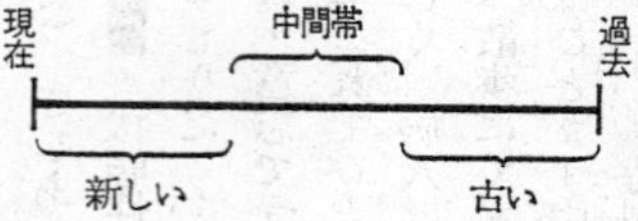

ふるい〔古い〕形容詞

事物が現れてから（または成立してから）久しい時が経っている状態。⇩あたらしい（三二頁）

分析1 ①「古い雑誌」「彼は私の古い友人だ」「古きよき時代」のように、現在を基準にして過去へさかのぼった時間的距離が長い場合にまず用いる。この距離がきわめて短ければ「新しい」で、その中間帯が「古くも新しくもない」状態である。「この牛乳はまだ古くなっていない」は、もちろん新しいのではない。

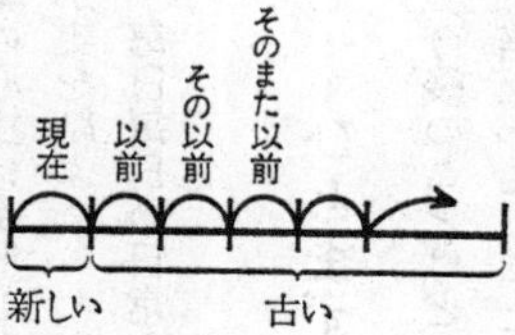

分析2 「古い町」「古い学校」「古い家系」「古い切手」のように、長い時の経過がそのものを価値づける場合もあるが、多くは「古い着物」「この卵は古い」のように、古さがその物の価値や質を落とすと

語になる。
いう気持ちを伴う。このマイナス評価を強調すると「古くさい」「古ぼけた……」などの

分析3　②「古い髪型」「値上げ前の古い値段が印刷してある」「古い封建的な考え」「古い形式」のように、あとから他のものが現れたことによって、それが新しい物でなくなる場合は「新しくないこと＝古い」で、「新しい／古い」は二者択一の関係となり、中間帯がない。値上げ前の値段も、さらにその以前の値段も、そのまた前の値段も、すべてひっくるめて「古い値段」である。このような「古い」は「昔の」「以前の」と相通じるところがある。

まいー〔毎〕接頭語

連続ないしは繰り返す〝時〟を表す名詞に付いて、そのたびごとにの意味を添える。

分析1　「毎」は、その特定の〝時〟を欠かさず網羅することを表す。「毎回」の「毎」で、特定の〝時〟一回一回ごと、つまり〝時が回ってくるたびに〟である。「毎日」のように連続した〝時〟の場合は、

「毎日の生活」「毎日の心掛け」「毎日が苦しみの連続」「毎日を精いっぱい生きる」「幸せの毎日」

のように〝いつも〟の意から〝普段、平生、日ごろ〟の意へと転じていく。が、ふつうは、特定の時というものは周期的に一定間隔で訪れるものであるから、〝その時になるたびに〟〝その時が来ると必ず〟などの意を添えることになる。「毎」には次の二つがある。

(1)「毎日、毎週、毎月、毎年」のように連続した時の流れを一定単位で区切り、その各単位期間ごとに同じ状況が繰り返されるという発想。

(2)「毎時間、毎朝、毎晩、毎夜、毎日曜日」のように周期的に訪れてくるとき、もしくは「毎期、毎回、毎度、毎号」のように周期的に起こる事柄を〝その都度〟ととらえる発想。

「あの先生は毎時間テストをする」は、授業のある日はいつも行うのである。「毎時間」の「時間」とは〝特定の意味をもった時間（授業時間）になるたびに〟であるから、(2)の意味で用いられている。「この時計は毎時間五秒遅れる」のような(1)の用法は、日常会話ではあまり現れない。「一時間に五秒遅れる」のように言う。短い時間単位「毎時、毎分、毎秒」などは日常会話では現れにくい。数学の設問（文章題）では「時計Aは毎時五秒遅れる。時計Bは毎時三秒進む。今、時計Aを八分遅らせたとして……」

のように、この表現が用いられる。

分析2 「毎－」は漢語であるが、後に続く語は、和語・漢語両方現れる。

毎時間、毎朝《あさ》、毎晩、毎夜《よ》、毎日、毎週、毎月（まいつき／まいげつ）、毎年（まいとし／まいねん）、毎土曜、毎期、毎々

「毎春」（まいはる）のような言い方は熟し切った言い方とは言えないが、使われている。「毎昼」とはふつう言わない。その他の語「毎週末」とか「毎月末」「毎夏休み」のような言い方はふつう言わない。「週末ごとに」「夏休みのたびに（たんびに）」のような和語系の表現を用いる。時以外の名詞、たとえば「試合」なら「毎試合／試合ごとに／試合のたびに」と三者可能であるが、時の表現では、どの形式を用いるかは語ごとにだいたい固定している。

関連語 －ごとに

時間ごとに、夜ごとに（夜ごと夜ごと）、日ごとに、年ごとに、日曜ごとに／日曜日のたびに

「－ごとに」は数詞に付いて「一時間ごとに」「一メートルごとに」「一駅ごとに」と用いられ、「－おきに」と対称した意味の語である。〃その単位の区切れ目のたびに必ずある事態を起こす〃のである。

(1)区切れ目のたびに毎回同じ事柄を繰り返す。
(2)その都度変化が生ずる。（例、一雨ごとに暖かくなる）

「毎－」には⑵の意味が弱い。「あの選手は毎試合同じ手（技《わざ》）を使ってくる」これを、「－ごとに」に変えたら「あの選手は試合ごとに違う手を使ってくる」とした方が自然である。後に続く状況は、「毎－」が恒常、「－ごとに」が変化、「～たびに」が中立、これが最も一般的な使い方である。時の名詞に付いた場合も、

⑴「日曜ごとに出掛ける」

⑵「あの先生は時間ごとに授業内容を変える」「日ごとに寒さの加わる今日このごろ……」「年ごとに弱くなる」

と両様の意味に分かれる。なお「年ごとに」は「年々」（ねんねん）も用いられる。同じ繰り返しの畳語でも「日々《ひび》」は「悲しみの日々」のように〝毎日〟の意で、〝日ごとに／日を追って〟の意とはならない。その他「月ごとに」「月々《つきづき》」という語もあるが、「月ごとに」は「月ごとに平均気温を計算する」のように〝各月ごとに／それぞれの月に分けて／月単位で〟等の意で、〝月が変わるにつれて〟の意味を持たない。「月々」も「月々の家賃」のように〝毎月〟の意で使われる。語構造からは同形式の語群でも、意味や用法の面では全く別類に属する語が日本語には意外と多い。

～まで　助詞

人や事物の数量、時間・空間における継続した作用や状態、それらの至り及ぶ範囲の限界点を示す語。「そのことを先生まで知らせる」のような、行為の至り及ぶ帰着点を指す格助詞的用法と、「そのことを先生まで信じた」のような「も」と置き換えの可能な副助詞的用法とがある。いずれも、行為や状態がその手前で止まらず、広がり進んで「先生」のレベルに達する〝継続しているものの到達点・限界点〟を表す。前者は「〜から〜まで」と対応する場合が多い。

分析　(1)数量の範囲の限界点を示す場合

「まで」が数量を表す語、時間・期間を表す語に続く場合で、〝数量や時間の許容範囲の限界点〟を表す。「十年まで待つ」の「十年」を「十年間」の期間と取ると、〝どんなに遅くとも十年間を限度として〟の意となる。ある数量・時間の幅を決めて、その限界点を指示する言い方である。後に続く動詞は可能や許容を表す語となるのが普通。

「千人まで……入る／売れる／乗れる」「千円まで……認める／許す／借りられる／持って行っていい／無税だ」「十時間まで……待てる／働ける／持つ（＝保《たも》つ）／できる／許す／居てよい／乗っていられる」「十時間までは……眠れない／働けない／いられない／許せない／認めぬ」「何か月まで滞在していられるのですか」「特売品はお一人三個まで」「チッキは一人二十キロまで無料。二十キログラムを超すと、超過料金を払わなければなりません」

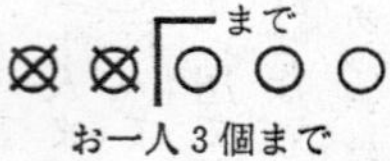

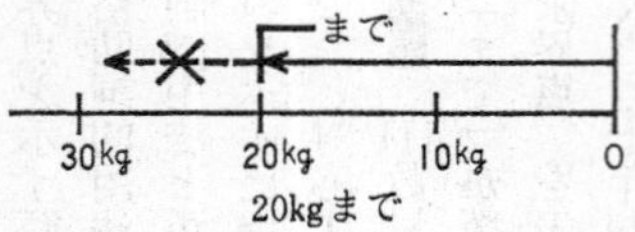

(2)継続する時間帯の終止する期日・刻限を示す場合

行為や動作・作用・状態の継続が至り及ぶ限界時点である。「まで」によって提示される時点を境に、以後はそうではないということを念頭に置いての表現となる。

「夜おそくまで勉強をする」「東京の交通機関は、いままでは都電でしたが、これに代わってしだいに伸びてきたのが地下鉄です」「定期試験は二十日までで、二十一日から夏休みに入ります」

「〜から〜まで」と行為・作用・状態の開始を前提とした表現をとり、継続する行為・作用・状態を「〜から〜まで」の範囲で区切り、「まで」以前はそうであったが、「まで」以後は違うという意識を表す。このような「まで」は「から」と表裏をなす語と言えよう。

「終戦の翌年から今日まで二十一年間、受付係を職場として過ごしてまいりました」「夏休みは七月上旬から九月上旬までの約二か月間です」「ベルが鳴った。仕事再開である。一時から三時まで作業は休みなく続けられる」

「まで」によって引き出される動詞はふつう継続動作動詞・状態動詞で、瞬間動作動詞の場合、「十二月まで結婚する」とか「火曜日まで死んだ」

などとは言えない。ただし、継続性も表す動詞、たとえば「夜中まで書く」「来月まで行く」「今月の十三日まで出る」「月末まで帰る」のような語は、「まで」の後に続けると、それぞれ〝書きつづける／通う／出演する／帰郷の状態〟という継続性の意味を帯びる点に注意したい。また、「つい最近まで、きわめて簡単に開墾できるはずの土地が、原野、粗林のまま放置されていた」「明け方まで電気がつけてあった」と、「ている／てある」が現れる点も、「まで」が継続性を前提とした範囲の限定だからである。継続動作の範囲を示すところから「十時まで書いてしまう」のような〝完了の時点を表す言い方〟は成り立たない。

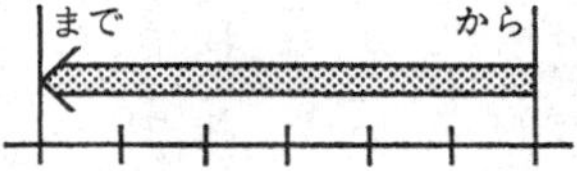

動詞以外の語に係る場合も、継続状態を前提とした事柄に限られる。

「午後四時まで仕事」「三十二年に世を去った母も、最後までそれだけが心残りだったようです」「夜おそくまで電車や自動車の音がうるさくて、落ち着いて勉強もできない」「では、来週のこの時間まで、さようなら」

先行語は名詞とは限らない。動詞を受ける例も多い。いずれも、〝その事柄の成立する時点まで〟を表す。

「五十の声を聞くまでは、もし良縁でもあったらという期待が心の片すみから消えることがありませんでした」「慣れるまでかなりかかりました」「こうなるまでの苦労はたいへんだった」

かような、動詞に直接する方式は時間の「まで」に限られ、数量や場所の

「まで」には現れない。「までも／でさえ」の意味を持つ副助詞の「まで」にも現れない。したがって「お父さんがご飯を食べるまで……」と言えば、〝食べ始める（食べ終わる）ときまで〟という時刻の「まで」に決まっているが、

「お父さんがご飯を食べるときまでぶつぶつ言う」「大みそかまで働く」

となると、名詞に接続しているため、時刻・期日の「まで」か、強意の「まで」か区別がつかない。時点〝……になるまで〟とも、強意〝……ときですら〟〝……ときまでも〟ともとれるわけである。時点の場合は「から」と対応する形式である。

(3)場所的範囲の至り及ぶ限界線を示す場合

「多摩川《たまがわ》までが東京都です」「三丁目までが旧市街です」のような、平面的な範囲の限界を述べる例も見られる（これらは、名詞、形容詞、形容動詞、状態動詞を述語とする文に表れる）が、多くは移動性の動作に係って、移動動作・作用の至り及ぶ直線的距離の限界点を示す。「〜から〜まで」と対応する形式で、「歩く、泳ぐ、登る、届ける」等の移動性の継続動詞と、「行く、帰る、出掛ける、投げる」等の指向性の瞬間動詞とが用いられる。「まで」は「へ」「に」と違って、継続する移動行動や作用を表し、瞬間動詞を用いても、移動の射程や範囲を問題とする継続意識が強い。

「大きな家具類を六階まで運ぶのはたいへんでしょう」「……いわゆる熱核反応といわれるものを起こします。それから出てくるエネルギーが太陽の表面まで伝わって、光となり

熱となって地球上へ達しているというわけです」「先進地域の文化は、太平洋海岸は房州《ぼうしゅう》まで及んだが、仙台付近は、とくにそれ以北は、最も取り残された土地になっていた」

「要はいかにお客さまに上まで上がっていただくかです。展覧会や食堂を上にもっていくのはそのためです」

　移動性・指向性を持たぬ動詞でも「ていく／てくる」が付けば「まで」と共存できる。移動性が賦与されるからである。「ここまではいてきたたびを千羽鶴のふろしきに包みながら、令嬢は菊治を先に通そうと、行儀よく立っていた」（川端康成『千羽鶴』）

ただし、動いている列車内で「京都まで寝ます」などと言うことがあるが、これは〝京都へ着くまで〟の意で、時刻の「まで」と解するべきだろう。

　移動動作の「まで」は、移動主体を「何ガ／何ヲ」と設定できる場合に限られ、「何ガ（ヲ）ドコマデ……する」のように動作主を「〜マデ」とは別個に設定する文型のとき現れる点が特徴である。

「しゃぼん玉、とんだ。屋根までとんだ。屋根までとんで、こわれて消えた」（童謡「しゃぼん玉」）は、「（しゃぼん玉が）屋根までとんだ」であり、「（しゃぼん玉が）屋根までとんで、こわれて消えた」である。これは動作主「しゃぼん玉」が主語に立つ文型だから場所の「まで」となるのである（〝ドコマデ〟の意）。ただ「屋根までとんだ」なら、「台風で屋根まで飛んだ」のように、動作主は「屋根」となり、「まで」は〝雨戸や瓦《かわら》だけではない。屋根までも／さえも〃という添加の副助詞となってしまう。事柄の至り及ぶ限界点を表すわけである（〃何マデ〃の意）。最初に述べた「そのことを先生まで信じた」の例も、「まで」の添う語「先生」が動作主となるから〃までも〃の意となるのであって、「そのことを先生まで知らせる」では「（私は）そのことを先生まで……」と動作主を別個に取ってしまうため、〃先生の所にまで〃の、連絡行為の至り及ぶ帰着点となってしまうのである。

「まで」が他の助詞に承接する場合「～からまで、～へまで、～にまで、～（を）まで、～でまで」等は動作主を他に取っても、すべて添加・強意の副助詞となってしまう。格助詞に立つのは体言に直接する右のような文型の場合だけである。

(4)行為の至り及ぶ対象が人間である場合

対人関係の助詞として機能するのは「……ヲ……マデ他動詞」文型の場合で、述語動詞は「届ける、伝える」などごく限られた移動動作性の他動詞である。

「レポートを先生まで届ける」「クラス会の知らせを先生まで伝える」「校内で不審な人物を見掛けたら、日直の先生まで知らせてください」

それも「先生に……渡す／話す／贈る」の「～に」のような、人物そのものを対象とする対人間の観念に立つ意識ではない。「先生まで」は「先生の所まで」と等価で、場所的観念である。その、マデ格に立つ〃所〃へ事物を移動させる場合の用法で、「事物を……

の所まで……する」文型のとき、はじめて〝移動動作の帰着点〟の意味が顕現する。

第二の用法は〝順番の最終者〟〝到達射程の限界〟を表す「まで」である。行列している買物客に「特売品はあなたまで売ります」と言うとき、〝先頭の客からあなたの所まで〟という順番における位置的観念となる。「……ハ……ヲ……マデ他動詞」文型である。

「(店は特売品を）あなたまで売る」

では、述語動詞「売る」の受身主体はヲ格に立つ語「特売品」である。つまり、売られるのは特売品で、「あなた」ではない。これが強意の副助詞の場合

「自分の娘まで売る」

では、売られるのはマデ格に立つ「娘」である。「娘まで」は「娘を」の目的格に相当する。先の帰着点の例「レポートを先生まで届ける」も、届けられたのはレポートであって、先生ではない。この点、強意の場合「自分の先生まで警察に届ける」「教え子が先生までなぐる」の例では、届けられなぐられるのは先生、すなわちマデ格に立つ語である（この文型では、並行してヲ格を取ることができない）。ただし、

「先生は出席簿順に林さんまで当てた」「家庭訪問で先生はきょう林さんまで訪問し終えた」

と言うとき、当てられ訪問された受身主体はマデ格の林さんではあるが、この「まで」は強意の副助詞ではない。動詞にはもともと動詞ごとに、人間を受ける格がヲ格かニ格か決

まっており、「訪問する」なら「林さんを」とヲ格を取るが、「売る、届ける」なら「林さんに」とニ格を取る。また「当てる」の場合は「林さんを当てる／林さんに宿題を当てる」と文型的に両様が見られる。かように対人関係を示す格の形が一定しているために、ヲ格に人間を取る動詞の場合は、そのまま「まで」に置き換わり、その動詞の受身主体となるのである。

けっきょく、「に」と置き換えのきく「まで」は〝帰着点〟を表す「〜から〜まで」の「まで」。「を」と置き換えられる「まで」は、文意から〝順番の限界〟を表す「〜から〜まで」の「まで」か、〝強意〟の「までも」に当たる「まで」か、弁別しなければならない。自動詞の場合は「先生までよそ見している」「先生まで逃げた」と、すべて後者の用法となる。

なお、「まで」の前に他の助詞が入ると、場所(3)の場合と同様すべて後者〝強意・添加〟となってしまう。

「にまで／へまで／でまで／をまで／とまで／からまで」「あの先生にまで知らせるのかい」「あんな奴とまで手を結んでいたとは知らなかった」

関連語 〜までに

行為・作用の成立時点の範囲の限界を表す

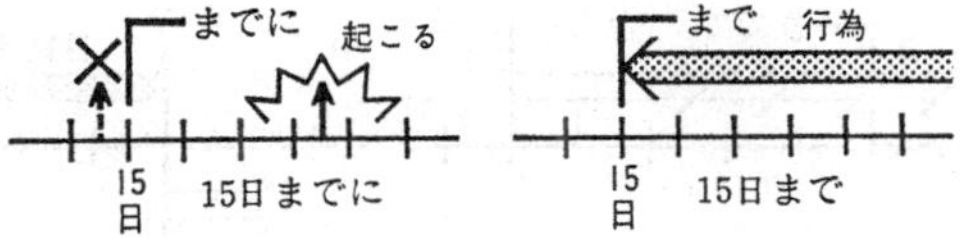

「十時までに来られる？」「ご出席の有無を来る一月十七日までにご一報くださるようお願い申し上げます」「二月までに許可がおりなければ、もう一年留学をおくらせます」

ある行為・動作・作用の成立がどんなに遅くともその時点を限界として、それ以前のある瞬間に成立することを示す。事柄の成立の時間的範囲を〝いつまでに〟と限定するのである。瞬間動作にも継続動作の開始や終了にも用いられるが、状態動詞「十時までにいる」とか「ている／てある」の状態表現や継続行為「十時までに書いている」「十時までに書きつづける」などとは言えない。もちろん過去の状態「十五歳までにずば抜けていた」などと言うことはできない。

「遅くとも十時までには帰って来るでしょう」「いくら長引いても三時までには終わりますよ」「電車のストライキが六時までに解決しなければ、午前中の授業は休講だ」

「までに」形式が瞬間動作成立の限界点を示すところから、先行語は瞬間時点を示す語に限られ、「五分間までに」のような幅を持った時間帯の語には続かない。したがって、「五分までに」と言った場合、「五分」とは「八時五分」のような瞬間点であって、「五分間」の意味ではない。ただし、

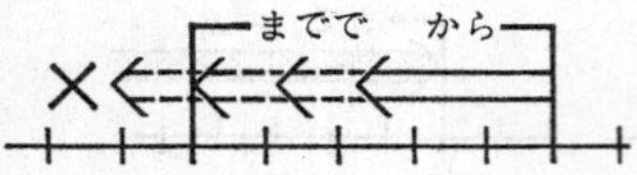

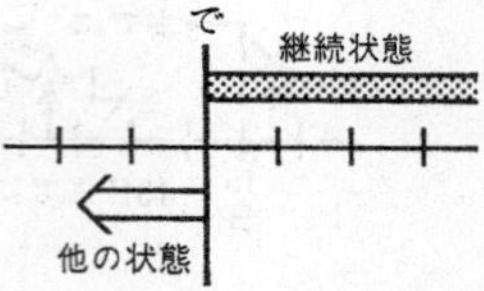

瞬間点といっても「五分ごろまでに」と漠然化した言い方は可能である。「までに」が瞬間成立の時間範囲の限界点を示すところから、継続性も表す動詞をこの後に続けると、瞬間動作の意味として働いてしまう。「十五日まで書く」なら〝書きつづける〟という継続行為であるが、「十五日までに書く」となると〝書き上げる〟もしくは〝書き始める〟という成立時点の意味と変わる。同様に「十時までに行く」は〝出掛ける〟〝到着する〟「十日までに出る」は〝引っ越す〟「十日までに帰る」は〝帰宅する〟という瞬間動作となる。

なお、この形式は、「三時までに書いておく」「あしたまでに聞いておきましょう」「七時までに始めよう」のように、多くは意志性の人為行為に用いられ、他力本願的な人間行為や、自然現象・作用などを表す動詞が来る場合も、それに対する話し手の判断や推定が付加されていると考えるべきである。

「この分では二時までに売り切れてしまうにちがいない」「明日までに結果がわかると私は思う」「遅くとも夕方までには雨が降り出すでしょう」

成立時点の限界を表す場合のほか、「午前十時から午後四時までに授業のある日が多いです」と、時間帯の限界を示す例もまれに見られる。

～までで

関連語

「までだ」の連用形形式。継続する行為・作用が継続可能の限界に達し、それ以降まで続けない（または続かない）で終止することを示す。「……から……までで」と対応する形式で、継続行為・作用の起点を前提とし、その起点からずっと続いた行為や作用を打ち切る意識を持つ。したがって、終了点のみを問題とし、起点を持たぬ「時計は八時で止まっている」などは「八時までで」とは言わないが、「この時計は八時までで止まるだろう」のように〝今から八時まで〟と起点を意識し、継続可能の範囲を考えている場合には言えるわけである。同じ終了点を意識した言い方、

「受付けは八時（ ）締め切りました」

も、「で」を用いれば終了点を問題とし、「までで」を用いれば継続範囲を問題とする意識となる。「までで」は継続行為・作用の幅を区切る作用があり、その点「で」と違って継続状態の転換意識はない。打ち切り意識である。用いられる動詞は、動作の終止を意味する「やめる、止まる、終わる、締め切る、打ち切る」、名詞「閉店だ、終了だ、打ち切りだ」などである。過去のことにも未来のことにも用いる。

「受付けは九時から四時までで終わります」「土曜は事務は一時までで終了です」

時間の幅を区切る作用ゆえ、先行語は一時点を表す語に限られ、「三時間までで終わる」などとは言えない。また、可能・許容の限界に達して打ち切るという話し手の判断ゆえ「仕事は五時まででやめよう／終わりだ」「復習は十五ページまでで時間切れだろう」のように、話し手の意志、推定、判断等の気持ちが文意に添っている。外的条件による可能・許容の他、内的理由による可能の限界を表す〝性能・能力〟の用例も見られる。「ロケットの発信する電波をレーダーがとらえたのは金星に着地する寸前までで、それ以後は反応がなかった」「この薬の有効期間は三か月までで、それを過ぎたものは使用せぬようご注意ください」。「までだ」の中止法である。

まもなく〔間もなく〕 連語（副詞的用法）

発話の時点ないしは話題の中の時点から見て、あることが実現するまでにあまり時間を置かないという判断のとき用いる。

分析1 「まもなく一番線に上り列車が参ります」と言えば、(1)発話の現時点を基準にするが、「入院して間もなく安産の報《しら》せが届いた」となれば、(2)話題の中の時点（入院したとき）が基準になっている。(1)は現在を基準にして未来の予想を述べ、(2)は過去の事実として二つの時点の関係を「間もなく」ととらえている。だから(2)の文末は「た」で結ばれている。このように「まもなく」は未来のことにも過去のことにも使え、未来の予想は発話の現時点を基準としてとらえられ、過去の事実は話題中の時点を基準として述べられる。話題中の時点を基準としながら「授業開始のベルが鳴れば、間もなく先生が来る」のような未来を予想する言い方はできない。「開始のベルが鳴って間もなく先生が来た」と過去の事実にするか、「開始のベルが鳴っている。間もなく先生が来るだろう」と発話時点に基準を移すかのどちらかである。「……すれば間もなく」の言い方はない。「学校に通えば間もなく上手になる」とは言えないのである。

分析2　この点が「すぐ」「じき」と異なるところ。

(1)過去の事実として述べる「間もなく」

「彼は卒業すると間もなく母校の教師になった」「国へ帰って間もなく結婚した」「兄が渡米して、間もなく弟も渡米した」「私は入社して間もなく九州に移ったのです」「いったん医師は帰った。死が訪れたのはそれから間もなくのことだった」

(2)現在から見て、予想する「間もなく」

「もう六月だ。まもなく梅雨になる」「電話したから、出前は間もなく届くはずだ」「主人は間もなく帰って来ると思います」「ベルが鳴ったから、間もなく授業は終わるだろう」

「私は間もなく二十歳になります」のような確定した未来の事実にも、「僕は一生懸命努力しているんだから、間もなく上手になるだろう」のような「そのうち」に近い不確実な

場合にも使える。(2)の「間もなく」には、
間もなく……する／だろう／……はずだ／……にちがいない／……と思う
のような文末形式が多く現れるが、これは「間もなく」と表現する裏には、話し手の判断が働いていることを示す。話し手のその場での判断のない「じきに治る病気」「すぐ効く薬」のような属性を表す言い方は「間もなく」にはない。「間もなく治る病気」とは言わない。

「間もなく」という意識の中には、近い未来にきっと実現するにちがいないと信じている気持ちがある。必ず実現すると思われることへの予想である。しかも「そのうち／いずれ」とは違って、実現の時期をかなりはっきりと〝ごく近い時期において〟と規定する。

「電話で催促しておいたから、間もなく届けて来るでしょう」
これが「そのうち届けて来るでしょう／いずれ届けて来るだろう」では、何時間後、何日後のことか漠然としてくる。⇩やがて（一八四頁）

「間もなく」は「すぐ」や「じき」よりも時間的間隔が開いている。「すぐ／じき」は〝直ちに〟に近く、「間もなく」は〝あまり間を置かずに〟である。だから、その日のうちの出来事とはかぎらない。「バスは間もなく来る」のような数分間の場合から、「卒業後間もなく結婚した」のように数日、数か月後の場合まである。対象の時間的スケールによって決まる。

関連語　**ほどなく**

意味・用法上はほとんど差がない。ただ「間もなく」よりは丁寧な文体に用いられる。「電話を入れておきましたから、お車はほどなく参ると存じます」「定年で退職されてから、ほどなくお亡くなりになりました」

関連語　**今に**

〝今からあまり遠くない時に〟という意味では「間もなく」と似ている。しかし、「間もなく」が実現のほぼ確実と信じていることへの予想であったのに対して、「今に」は不確実なこと、場合によっては、ほとんど実現の可能性のないことへの予測、推測、希望、志向、意志などである。

「このまま無理を続けると、今に病気になってしまうよ」「今にきっと人間同士が殺し合ったりしない平和な世の中が来ますよ」「今に偉くなったら、必ずご恩返しを致します」「今に見ろ、きっと見返してやるからな」「今に一度でいいから外国を旅行してみたい」「この調子でいけば今に文化勲章をもらうほどになるかもしれない」「今にくやしがらせてやるぞ」

今に……になる／……する／……だろう／……かもしれない／……たい／……てみせ

る／……てやる

「間もなく」に比べて、使用文型の幅が広い。⇩いま（五三頁）

もう　副詞

事柄が、話し手の意識中の基準点を越えている場合に用いる。基準点を越えていない状態が「まだ」である。

分析　基準点はあくまで便宜的なものなので、そのときの観念で位置はゆれる。基準点と話題の事柄との関係から「もう／まだ」には次の四種が成り立つ。

1　事柄がすでに基準点を越してしまったか否かの判断。そこから完了・非完了意識（すでに）が生まれる。現状を推定したり、さらに越えたことによって、手遅れであるとの判断（もはや）もしくは、越えていなければ間に合うとの判断（まだ）を下したりする。

「仕事はもう済んだ／まだ終わらない」「戦争はもう終わった／まだ続いている」「もうあれから一か月経った／まだ一か月しか経っていない」「もう日暮れだ／まだ日は高い」「もう知っている／まだ知らない」「もう今ごろは家に着いているよ／まだ着いていないだろう」「試合はもう終わったかしら／まだ終わるまい」「もう手遅れだ／まだまだ大丈夫」「今からではもう遅い／まだ間に合う」「もうだめだ／まだあきらめるのは早い」「もうい

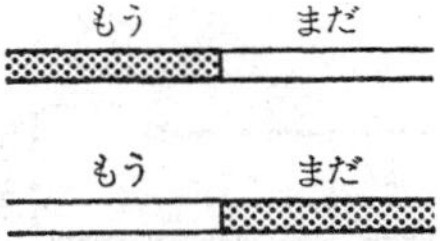

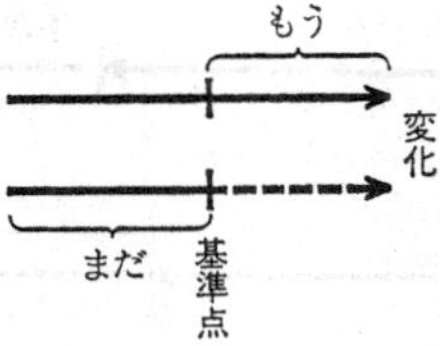

いかい／まあだだよ」

「もうだめ」「まだ大丈夫」の判断は、同じ事態でも、話し手の判断の基準点の置きかたによって異なってくる。基準点は、事柄によっては多少客観性を帯びるものもあるが、本来は流動的なもので、人により、状況により、判断によって変わるので、どの程度までが「まだ」で、どのへんから「もう」かは、一概には言えない。

「もう」と「まだ」は対応するが、プラス・マイナスの関係は固定していない。「もうだめだ／まだ大丈夫」「もう大丈夫／まだだめだ」など、どちらか一方がマイナスなら他方はプラスと逆の関係になる。

[2] 事柄が基準点を越してさらに進展し、話し手側に接近しているか、いないかという判断。事柄の完了・非完了を問題とするのではなく、事柄が話し手の所にまで達する期間を考える意識である。基準点を越えていれば「もう」で、すぐ間近であり、基準点を越えていなければ「まだ」であると考える。

「もうぼつぼつ来るころだ／まだ当分来るまい」「もうすぐ届くだろう／まだだいぶ時間がかかると思う」など。

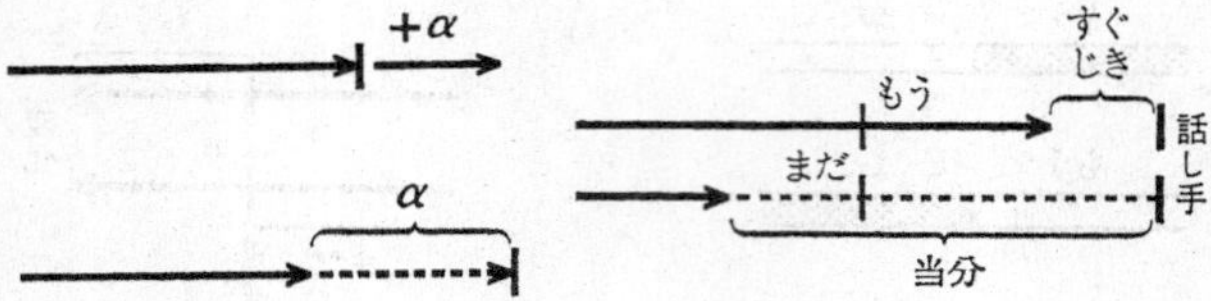

この場合は「ぼつぼつ／すぐ／当分／だいぶ」などを省いても文意は変わらない。この「もう」は〝間もなく〟〝やがて〟等の意味を含んだ文中で、「まだ」は〝当分〟の意味を含んだ文中で使用され、事柄が基準点を越えたか否か、時間的に間近に迫ったか否かを表す。

③事柄が基準点に達したのに、そのうえ、さらに事柄を加えていく意識である。プラスアルファの考え方といえる。

「もう一つください」「もう一回やろう」「もう一杯いかが」「もう一方の足」「もう一息というところだ」など。

一方、「まだ」は、事柄が基準点に達していない場合である。基準点までには、そのうえさらに事柄を加える余地があるという意識になる。

「これからまだまだ寒くなるよ」「問題はまだほかにもある」「時間はまだあるから間に合う」「同じような事例はまだ見られる」

④「まだ」にだけ見られる意識で、事柄（A）が基準点に達していないため、不十分、不満足な状態であるが、他（B）と比較すればこのほうがより基準点に近い（もしくは遠い）という判断である。「どちらかと言えば」「もっと」の意味に近い比較判断。「まだしも」の形

も用いられる。
「このほうがまだ（しも）ましだと思うよ」「私も悪いが、彼のほうがまだ悪い」「あんな学校に行くくらいなら、浪人したほうがまだいい」

関連語　すでに

「すでに」は文章語である。叙述中の時点において、それ以前に事が成立していることを表す。
「すでにご存じのとおり……」「駅へ到着したときは、列車はすでに出発したあとだった」「開腹手術をしようとしたが、すでに手遅れであった」

これらの例は、「もう」で言い換えられる。

しかし「すでに述べたとおり、この件に関しては……」は「もう」で言い換えられない。「すでに」は、その状態や動きが〝以前である〟ことを、「もう」は、現時点で〝そうである〟ことを表しているからである。

「すでに」で言い換えられる「もう」は、完了を表す[1]の中でも、完了の状態が現時点では過去となっている場合に限られる。「もう手遅れだ」「勝負はもうついた」などは「すでに」に言い換えられるが、現状

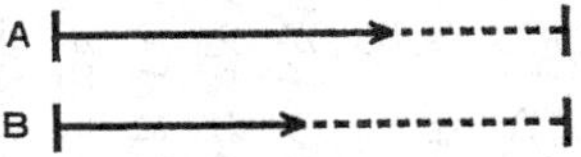

Aのほうがまだ(＋)だ。
Bのほうがまだ(－)だ。

を表す「もう夏休みだ」「もういいかい」などは言えない。「はや夏休みだ」と「はや」などが用いられる。

「すでに」で言い換えられる「もう」は「もはや手遅れだ」のように「もはや」とも言い換えられる。しかし「もはや」は〝今となっては〟の気持ちがあり、過去を振り返り〝過去がそうである以上、現状は動かしがたい事実として取り返しはきかないのだ〟の意識になる。

「今となっては、もはやどうにもならない」「もはやあれから二十年の歳月が流れてしまった」など。

やがて　副詞

〝現在の状態をそのままに〟が原義である。そこから、時間的にあまり隔たりのない近い将来までその状態が持続することを表す。そしてさらに、近い将来、新たな事態に変わることを意味するようになる。

分析1　「やがて冬だ」「上京してやがて一年になる」「今はまだ気がついていないようだが、やがて気づくだろう」「やがて目立つようになる」「今出かけて留守だが、やがて帰ってくるだろう」

〝現在の状態がいつまで持続するかは未定だが、近い将来には〟という不確定の未来を表す。「やがて帰ってくるだろう」は、留守という状態が今しばらく持続するが、いずれ近いうちにその状態に区切りがつくということである。現状持続を基本にすえた発想である。状態持続を伴わない場合には使えないので、「まもなく二番線に上り電車が参ります」を「やがて」に言い換えることはできない。ただし、「今は電車は止まっていないが、やがて入線してくるから、線路に降りるのは危険だ」と、現状持続を踏まえた言い方にすれば可能になる。

現状がいつまで持続するかは不確定だが、その状態に区切りがつくのはすぐではない。しばらく間があって、それからという時間・期間の長さが「やがて」には必要となる。だから「出かけたと思ったら、やがて帰ってきた」ではおかしい。こういう場合は「すぐ／すぐに」「じき」などを用いるべきである。しばらく持続すると言っても、時間の長さは不確定で、いつまでかは分からない。「そのうち」と、きわめて似通った発想だが、「そのうち」は、状況が実現するかどうかまだ分からない、たぶん近い将来そうなるだろうという、はなはだ曖昧《あいまい》な未確定の未来である。したがって、客観性のない、自己の意思表示や予想にも使える。

「そのうちお伺いしますよ」「雨はそのうち止むだろう」

「やがて」は、状況が実現することが確定しており、必ずそうなるのだが、それがいつのことだか分からないという不確定の未来を表す。

分析2 「椅子に座ったと思ったら、やがて眠りだした」「快調に飛ばしていた列車は、やがてスピードを落とし、ガクンと一揺れして止まった」

「眠り出した」「止まった」と完了表現の中で用いられる「やがて」がある。これも、ある状態の持続の中で、不確定の時間の隔たりを置いて、他の状態に移行するという「やがて」一本来の発想によっている。不確定の時間の幅といってよく、〝どのぐらいの時間の長さかは分からないが、しばらく経って〟の意識である。「まもなく」「じき」と類似する。

わかい〔若い〕形容詞

そのものの年齢を問題とする状況において、その場合の基準に照らして、より下回っている状態。上回っているときは、適当な形容詞がなく、「年取った／年寄った」等で代用される。

分析1 年齢・人生経験などを問題とする場合は、基準値まで達していない、または比較の対象となるものに及ばない状態。肉体的、精神的活力を問題とする場合は、基準となる年齢層の状態にまだ至らない程度を指す。つまり、生物が生まれてからまだあまり時を経ていない状態に、より近いことである。

「彼は私より五歳若い」「まだ若い社長さん」「若い人」など、その基準値は、話し手の年齢であり、社会一般からみた社長としての常識的な年齢であり、また、精神・知識・肉体の各面において一人前の社会人と見なされる年齢である。基準値は、その者のどんな点を問題とするかによって変わってくる。「若い社長さん」は「若い人」とはかぎらない。「彼は老人ホームに入るにはまだ若いが、さりとて働くには年を取りすぎている」など、基準によって判断も変わる相対的なものである。人間の平均寿命に基づいた出生から死亡までの期間を成熟・老化の現象によって何段階かに分け、「幼年／少年／青年／中年／老年」と切るように、「幼い／若い／普通／年取った」と画一的に区分けすることはできない。

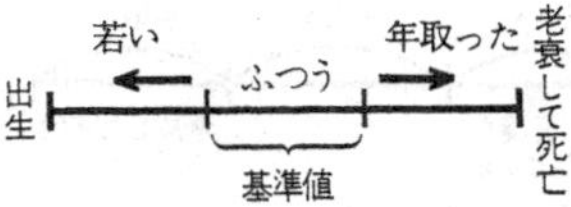

と言っても、子供を指して「若い幼児」とか「若い少年」とは言わない。「次郎ちゃんは太郎ちゃんより若い」と言うのも不自然である。「若い」が使える年齢層はおのずと決まっている。一般には、親の世話を必要とする年代は「若い」より「幼い」が適当と考えられる。同じように、肉体・精神とも老成していないうちが「若い」年齢層と言える。

もちろん、基準値との対比において、幼児を指して、「次郎ちゃんは幼稚園に入るにはまだ若すぎるんだよ」「次郎ちゃんは太郎ちゃんより三歳若い」とは言える。「若い」には、人間の成長・老衰の過程からみたかなり普遍的な基準による段階分けの一時期「若い」と、話題とする事柄によって、変動する基準値に照らした年齢差「若い」の二種類がある。

分析2 「若い」といっても、精神的、肉体的活力が基準値に至っていない状態は〝未熟だ〟〝青くさい〟というマイナス評価になり、元気横溢《おういつ》、旺《おう》盛《せい》、ぼけていない、などの状態はプラス評価となる。前者は、「どうも正直すぎて、かけひきも知らない。お前はまだ若い」「考えが若い」のように精神面の若さに多く使い、後者は「気が若い」「若いぴちぴちした体」と、精神・肉体どちらにも言う。

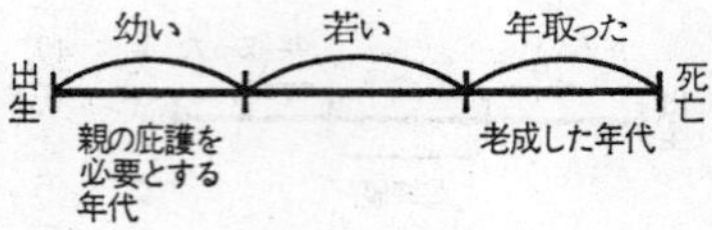

関連語 幼い

「幼い」は、幼児期――「若い」の前に位置する段階で、親の手を離れる以前の時期――を指す。「若い」と違って、基準となるものがあって、それとの対比「学校へ行くにはまだ幼い」とか、比較「次郎のほうが太郎より三つ幼い」のような言い方はふつうはしない。この場合は「年が若い」「年下だ」を用いる。「幼い」は絶対的な幼稚さを言うので、「考え方が幼い」のような精神面での未熟さによく用いられ、マイナス評価しか現れない。

関連語 老いた　年取った　年寄った

「若い」の反対語として挙げられるが、年齢および肉体面にしか用いない。精神面は「老《ろう》獪《かい》／老成した／老練な」などの熟語によって表される。これらはプラス評価・マイナス評価、どちらにもなる微妙な語感を持つが、「老いた／年取った／年寄った」はマイナス評価となりやすい。年を取ることによって心身が衰え弱った、ぼけたという気持ちが強いからである。そのため若年齢層の年齢比較には使われない。「二人とも大学生だが、姉より兄のほうが年取っている」などとは言わない。「年上だ」を用いる。この点、「若い」が「おじいさんよりおばあさんのほうが若い」と年齢に上限なく使えるのと異なる。

分析3　「若い」が年齢の数値比較に用いられるところから、年齢を離れて、番号・順番などが小さい数のものにも転用されるようになる。「若い番号」「若い数」等。この使い方は、物の成育とは無関係である。

分析4　一方、成育を表す「若い」は、人間以外にも「まだ若い牝馬《ひんば》」のように、高等動物に用いられる。植物にも、「若い苗木」のように用いることがあるが、むしろ部分を指して「若い枝」「余分な芽は若いうちに摘み取ります」「若い柔らかな葉」のように用いる。無生物、抽象的な事柄は、比喩《ひゆ》的にしか用いない。「社会科学としてはまだ若い学問だ」「できたての若い星もあれば、赤色巨星のような年老いた星もある」

　このような使い方は〝まだこの世に生まれ出て日が浅い〟という絶対的な若さを、擬人的に表現したものである。

あとがき

現役時代、毎年、最初の講義の折に、出席者全員に、動詞「行く」の過去・現在・未来の言い方は何か、書かせている。すると、例外なく、ほとんどの学生が判で押したように「行った、行く、行くだろう」または「行こう」と書いてよこす。そう言えば谷崎潤一郎《たにざきじゅんいちろう》も、その著『文章読本』の中で

> われ〳〵の国の言葉にもテンスの規則などがないことはありませんけれども、誰も正確には使つてゐませんし、一々そんなことを気にしてゐては用が足りません。「した」と云へば過去、「する」と云へば現在、「しよう」と云へば未来でありますが、その時の都合でいろ〳〵になる。
>
> （同書二、文章の上達法　の文法に囚はれないこと）

と述べている。だが、このような考えが本当に正しいものと言えるのであろうか。詳しく

は本書の「～た」の項に譲るとして、かつて著者のもとで学んでいた留学生の一人が、

きのう公園へ行った約束をしました。そして、行って来ました。

のような誤用の日本語文を作って来たことがあった。この留学生は、約束したのも公園へ行ったのもすべてきのうのことだから、当然ここは「た」を使うものと思ったらしい。だが、日本人の思考はそのような〝現実の時〟すなわち〝発話時の今〟を基準に事態をとらえているわけではないであろう。観念の流れ（文脈）の中で、その折々の場面々々に視点を移して〝今〟の連続意識で眺めていると見るほうがはるかに実態に合っている。そして、そのような視点で眺めると、その折の〝今〟を基準とする〝時〟にかかわる日本語（主に副詞）が実に多く存在することに気づかされるのである。「いずれ、いまさら、いまだに、さっそく、さしあたり、そろそろ、とりあえず、ひとまず」など〝時〟に関連した当人の心境や心理など、その折その折の心の内を表す味わい深いことばの何と日本語には多いことか。そこで、この手のことばを中心に、形容詞や動詞なども補充して編んだのが本書である。

なお、本書を編むに当たっては、同じシリーズの先行書『違いをあらわす「基礎日本語辞典」』で扱った〝時間〟に関わる諸項目「いつも、じき、しばらく、すぐ、たまに」な

どは、重複を避けるため、あえて載せることをしなかった。本書とあわせて併読されることをお勧めする。

平成二十九年十一月

著　者

本書は、平成元年に弊社より刊行された『基礎日本語辞典』から項目内容を厳選し、テーマ別に再編集の上、文庫化しました。

時間《じかん》をあらわす
「基礎日本語辞典《きそにほんごじてん》」

森田良行《もりたよしゆき》

平成30年 2月25日　初版発行
令和6年 12月5日　8版発行

発行者●山下直久

発行●株式会社KADOKAWA
〒102-8177　東京都千代田区富士見2-13-3
電話　0570-002-301（ナビダイヤル）

角川文庫 20814

印刷所●株式会社KADOKAWA
製本所●株式会社KADOKAWA

表紙画●和田三造

ISBN978-4-04-400373-9　C0195

JASRAC 出 1800960-408

角川文庫発刊に際して

角川源義

第二次世界大戦の敗北は、軍事力の敗北であった以上に、私たちの若い文化力の敗退であった。私たちの文化が戦争に対して如何に無力であり、単なるあだ花に過ぎなかったかを、私たちは身を以て体験し痛感した。西洋近代文化の摂取にとって、明治以後八十年の歳月は決して短かすぎたとは言えない。にもかかわらず、近代文化の伝統を確立し、自由な批判と柔軟な良識に富む文化層として自らを形成することに私たちは失敗して来た。そしてこれは、各層への文化の普及滲透を任務とする出版人の責任でもあった。

一九四五年以来、私たちは再び振出しに戻り、第一歩から踏み出すことを余儀なくされた。これは大きな不幸ではあるが、反面、これまでの混沌・未熟・歪曲の中にあった我が国の文化に秩序と確たる基礎を齎らすためには絶好の機会でもある。角川書店は、このような祖国の文化的危機にあたり、微力をも顧みず再建の礎石たるべき抱負と決意とをもって出発したが、ここに創立以来の念願を果すべく角川文庫を発刊する。これまで刊行されたあらゆる全集叢書文庫類の長所と短所とを検討し、古今東西の不朽の典籍を、良心的編集のもとに、廉価に、そして書架にふさわしい美本として、多くのひとびとに提供しようとする。しかし私たちは徒らに百科全書的な知識のジレッタントを作ることを目的とせず、あくまで祖国の文化に秩序と再建への道を示し、この文庫を角川書店の栄ある事業として、今後永久に継続発展せしめ、学芸と教養との殿堂として大成せんことを期したい。多くの読書子の愛情ある忠言と支持とによって、この希望と抱負とを完遂せしめられんことを願う。

一九四九年五月三日

角川ソフィア文庫ベストセラー

悪文
伝わる文章の作法

編著／岩淵悦太郎

わずかな違いのせいで、文章は読み手に届かないばかりか、誤解や行き違いをひきおこしてしまう。すらりと頭に入らない悪文の、わかりにくさの要因はどこにあるのか？　伝わる作文法が身につく異色文章読本。

中国故事

飯塚　朗

「流石」「杜撰」「五十歩百歩」などの日常語から、「帰りなん、いざ」「燕雀いずくんぞ鴻鵠の志を知らんや」などの名言・格言まで、113語を解説。味わい深い名文で最高の人生訓を学ぶ、故事成語入門。

落語名作200席（上）（下）

京須偕充

寄席や落語会で口演頻度の高い噺を厳選。演目別に筋書と主な会話、噺の落ちと結末、どの噺家の十八番かなどをコンパクトにまとめた。落語の初心者・上級者を問わず役に立つ、極上のガイドブック。

落語ことば・事柄辞典

榎本滋民
編／京須偕充

落語を楽しむ616項目を、時・所・風物／金銭・暮らし・衣食住／文化・芸能・娯楽／男と女・遊里・風俗／武家・制度・罪／心・体・霊・異の6分野、五十音順に配列して解説。豊富な知識満載の決定版。

文楽手帖

高木秀樹

『仮名手本忠臣蔵』『菅原伝授手習鑑』『義経千本桜』をはじめ、骨太な人間ドラマを解説。文楽ならではの観どころ・聴きどころを逃さず味わえる。臨場感溢れるエンターテイメントとして楽しめる入門書。

角川ソフィア文庫ベストセラー

中原中也全詩集
中原中也

歌集『末黒野』、第一詩集『山羊の歌』、没後刊行の第二詩集『在りし日の歌』、生前発表詩篇、草稿・ノート類に残された未発表詩篇をすべて網羅した決定版。巻末に大岡昇平「中原中也伝――揺籃」を収録。

俳句鑑賞歳時記
山本健吉

著者が四〇年にわたって鑑賞してきた古今の名句から約七〇〇句を厳選し、歳時記の季語の配列順に並べなおした。深い教養に裏付けられた平明で魅力的な鑑賞と批評は、初心者にも俳句の魅力を存分に解き明かす。

俳句とは何か
山本健吉

俳句の特性を明快に示した画期的な俳句の本質論「挨拶と滑稽」や「写生について」「子規と虚子」など、著者の代表的な俳論と俳句随筆を収録。初心者・ベテランを問わず、実作者が知りたい本質を率直に語る。

ことばの歳時記
山本健吉

古来より世々の歌よみたちが思想や想像力をこめて育んできた「季の詞《ことば》」を、歳時記編纂の第一人者が名句や名歌とともに鑑賞。現代においてなお感じることのできる懐かしさや美しさが隅々まで息づく名随筆。

短歌はじめました。
百万人の短歌入門

穂村弘
東直子
沢田康彦

有名無名年齢性別既婚未婚等一切不問の短歌の会「猫又」。主宰・沢田の元に集まった、主婦、女優、プロレスラーたちの自由奔放な短歌に、気鋭の歌人・穂村と東が愛ある「評」で応える！　初心者必読の入門書。

角川ソフィア文庫ベストセラー

金子兜太の俳句入門　金子兜太

「季語にとらわれない」「生活実感を表す」「主観を吐露する」など、句作の心構えやテクニックを82項目にわたって紹介。俳壇を代表する俳人・金子兜太が、独自の俳句観をストレートに綴る熱意あふれる入門書。

俳句、はじめました　岸本葉子

人気エッセイストが俳句に挑戦！　俳句を支える季語の力に驚き、句会仲間の評に感心。冷や汗の連続だった吟行や句会での発見を通して、初心者がつまずくポイントがリアルにわかる。体当たり俳句入門エッセイ。

芭蕉のこころをよむ　「おくのほそ道」入門　尾形仂

『おくのほそ道』完成までの数年間に芭蕉は何を追い求めたのか。その創作の秘密を解き明かし、俳諧ひと筋に生きた芭蕉の足跡と、〝新しみ〟や〝軽み〟を常とした作句の精神を具体的かつ多角的に追究する。

飯田蛇笏全句集　飯田蛇笏

郷里甲斐の地に定住し、雄勁で詩趣に富んだ俳句を詠み続けた蛇笏。その作品群は現代俳句の最高峰として他の追随を許さない。第一句集『山廬集』から遺句集『椿花集』まで全9冊を完全収録。解説・井上康明

今はじめる人のための短歌入門　岡井隆

短歌をつくるための題材や言葉の選び方、知っておくべき先達の名歌などをやさしく解説。「遊びとまじめ」「事柄でなく感情を」など、テーマを読み進めるごとに歌作りの本質がわかってくる。正統派短歌入門！

角川ソフィア文庫ベストセラー

角川ソフィア文庫ベストセラー

能の見方　松岡心平

「翁」「井筒」「葵上」「道成寺」など、代表的な能の名作25曲を通して、能の見方、鑑賞のポイント、舞台の魅力に迫る。世阿弥の時代から現代に届けられるメッセージを読み解く、能がもっと楽しくなる鑑賞入門。

女性芸能の源流　傀儡子・曲舞・白拍子　脇田晴子

芸能と宗教が切り離せない中世、仏教を中心とした支配階級の男性に対し、社会の底辺に生きた女性芸能者が果たした役割とはなにか。封建社会の発達につれ歴史の表舞台から姿を消した芸能者たちの実像を追う。

能、世阿弥の「現在」　土屋恵一郎

面や装束の記号的な意味、序の舞の身体、ドラマを生み出す仕掛けとしての夢、世阿弥の言葉「花」「離見の見」「幽玄」。能のさまざまな側面に切り込み、演劇空間の「現在」がどのようにつくられるかに肉薄する。

能の読みかた　林望

能の85演目を生き生きと洒脱な文章で描く。簡潔かつ平易な解説は、能初心者から楽しめて観賞の手引きとしても便利。古典文学や民俗学に精通した著者ならではの視点で、中世の感受性を現代によみがえらせる。

浮世絵鑑賞事典　高橋克彦

歌麿、北斎、広重をはじめ、代表的な浮世絵師五九人を名品とともにオールカラーで一挙紹介！　生い立ちや特徴、絵の見所はもちろん技法や判型、印の変遷など豆知識が満載。直木賞作家によるユニークな入門書。